Retrouvez nos prochaines parutions, les ouvrages du catalogue et les événements à ne pas rater sur notre site Internet. Vous pourrez également lire des extraits de tous nos livres, recevoir notre lettre d'information et acheter directement les livres qui vous intéressent, en papier et en numérique !

À bientôt sur www.editionsleduc.com

Découvrez également toujours plus d'actualités et d'infos autour de la collection Zen Business sur : **www.zenbusiness.fr** et la page Facebook « Zen Business ».

Maquette : Datagrafix

17, rue du Regard
75006 Paris – France
E-mail : info@editionsleduc.com
ISBN : 978-2-84899-586-1

Zen Business est une marque des éditions Leduc.s

BENOÎT GALY
Président du CJD La Défense 2010-2012

Préface de PHILIPPE BLOCH
Entrepreneur et animateur de « L'Entreprise BFM » sur *BFM Business*

BIEN S'ASSOCIER POUR MIEUX ENTREPRENDRE

ZEN BUSINESS

SOMMAIRE

PRÉFACE DE PHILIPPE BLOCH

« Si seulement j'avais su… » Combien d'entrepreneurs se sont un jour adressé ce reproche, après avoir subi l'épreuve d'une séparation avec leur(s) associé(s). Qu'on en ait eu un, ou plusieurs, ne change rien à la douleur que l'on ressent lorsqu'elle survient.

Cette impression terrible d'avoir tant donné, tant partagé, et parfois si peu reçu en retour. Cette frustration d'avoir bossé comme un fou pendant des années, alors que celui en qui l'on croyait était moins présent qu'on ne l'espérait. Ce regret de l'avoir toujours défendu auprès de votre épouse, vos proches ou vos parents, alors même que tous avaient vu juste et vous avaient alerté dès le début sur sa personnalité ou sur les risques de votre association. Mais n'aurait-ce pas été admettre votre propre erreur de jugement que de les écouter avant qu'il ne soit trop tard, en faisant l'impasse sur votre fierté ? Ce souci, finalement inutile, de l'avoir systématiquement valorisé auprès de tous vos interlocuteurs. Ces moments qui vous reviennent en mémoire, comme autant d'occasions ratées de mettre les choses à plat et de lui expliquer vos états d'âme le concernant, afin de trouver ensemble une fin honorable à une histoire désormais sans avenir. Ce temps perdu à ne pas avancer comme vous le souhaitez, parce qu'il ne partage pas votre projet. Les efforts qu'il déploie pour prendre le contre-pied de vos décisions et s'imposer auprès de vos collaborateurs, quitte à renier certaines des valeurs sur lesquelles vous aviez construit votre entreprise. Ce manque de courage, surtout, qui vous a fait trop longtemps préférer le *statu quo* aux décisions humainement douloureuses. Ces désaccords, de plus en plus fréquents. Ces regards qui s'évitent. Cette détestation qui s'installe, jour après jour. Ces journées passées ensemble dans le même bureau sans s'adresser la parole, le mail devenant le seul moyen de communiquer. Ces négociations financières sans fin qui ne mènent nulle part. Ces mesquineries, dont on ne se serait jamais crus capables. Cette ambiance, qui ne cesse de se dégrader et de démotiver vos équipes, au point d'impacter les performances de votre entreprise et d'en voir partir les meilleurs éléments. Et puis, un jour, la violence d'un divorce, voire d'une trahison, qui fait basculer votre vie et celle de vos salariés du jour au lendemain. Ces procédures juridiques qui se poursuivent bien au-delà de son départ… ou du vôtre. Cette dramatique impression de gâchis qui aurait pu être évité. Et surtout ce regret de lui avoir trop longtemps accordé votre confiance, votre loyauté et votre fidélité.

Tout avait pourtant si bien commencé. On allait conquérir le monde ensemble, rien ne pourrait nous arrêter, à deux ou trois, nous serions tellement plus forts ! Eh bien non, pas forcément ! Il n'y a certes aucune fatalité de l'échec en matière d'association capitalistique. Le meilleur est toujours possible, et un duo comme celui formé par Paul Dubrule et Gérard Pélisson pour créer et développer le Groupe Accor en est la plus belle illustration. Mais le fait que ces deux fortes personnalités aient été si souvent citées en exemple, et qu'il soit si difficile de trouver d'autres couples d'entrepreneurs *successful* ayant duré aussi longtemps qu'eux, est la preuve que le pire existe aussi, comme en atteste le scénario ci-dessus que tant d'entrepreneurs ont vécu à leurs dépens. Souvent interrogés sur le secret de la longévité de leur partenariat, l'un et l'autre répondaient invariablement qu'ils s'étaient fixé dès le départ trois règles intangibles. Règle n° 1 : tout partager à 50/50, les profits comme les pertes, les joies comme les emmerdes. Règle n° 2 : ne jamais afficher publiquement leurs divergences, en interne comme en externe. Règle n° 3 : ne jamais prendre aucune décision qui ne fasse pas l'unanimité entre eux ou qui risque de les diviser d'une quelconque façon.

Des règles de bon sens. Mais dont la stricte application ne garantit en rien un long fleuve tranquille. La lecture de ce livre atteste en effet qu'il n'existe aucune recette miracle du succès en matière d'association. Il y a certes des pièges évidents, dans lesquels il vaut mieux éviter de tomber. Encore faut-il les connaître et apprendre à les repérer. Il y a aussi, à chaque étape de l'aventure, les bonnes questions à se poser… et à poser à son ou ses associé(s) ! Et puis il y a surtout ces témoignages passionnants d'entrepreneurs, qui sont autant d'histoires susceptibles d'alimenter votre réflexion. C'est tout le mérite de Benoît Galy que d'avoir rassemblé en un seul ouvrage autant de précieux conseils.

« *Hope for the best. Prepare for the worst.* » (Espère le meilleur. Prépare-toi au pire.), aiment rappeler les Américains. Une philosophie qui s'applique parfaitement à notre sujet. À l'instar du mariage, une association professionnelle est une décision lourde, qui suppose l'acceptation et le respect de droits et de devoirs ainsi qu'une éthique sans faille. Comme un divorce, une séparation professionnelle est un événement douloureux. C'est pourquoi il est si important de ne s'associer que lorsque l'on a de vraies bonnes raisons de le faire. Le simple fait de vouloir échapper à la solitude de l'entrepreneur ne saurait suffire. Il y a en effet d'innombrables façons plus légères de partager avec ses pairs, que ce soit au sein d'associations ou de clubs de dirigeants. Penser que « 1 + 1 = 3 » n'est pas plus convaincant, tant les synergies peuvent se révéler aléatoires ou décevantes. Croire que les années n'auront aucune prise sur votre amitié, et que vous continuerez de grandir forcément de la même façon, au même rythme et avec les mêmes envies est un piège classique qui n'évite pas l'apparition de dangereux déséquilibres après quelques années. Négliger enfin le poids des ego et de leur puissance destructrice peut mener tout droit à de cruelles déceptions.

Fort heureusement, rien n'est jamais écrit et nul n'est à l'abri d'une réussite. Si certaines associations présentent plus de risques que d'autres, tel un partenariat à 50/50 (le cas le plus fréquent, car une entreprise a besoin d'un chef, et d'un seul), aucune solution n'est garantie à 100 %. Votre propre aventure ne ressemblera à aucune autre. Comme toute épopée entrepreneuriale, elle connaîtra des hauts et des bas. Des joies et des peines. Elle sera pleine de surprises, souvent bonneset parfois moins bonnes. Elle vous donnera une énergie et une force insoupçonnables. Un sentiment de liberté que vous n'aviez jamais connu auparavant. Un plaisir unique. Peut-être choisirez-vous de la mener seul, à deux, ou à plusieurs. Peu importe. Le plus important est que vous la viviez chaque jour dans le strict respect de vos valeurs, en écoutant et en respectant vos associés en toutes circonstances, et ce quel que soit le nombre de parts qu'ils possèdent dans votre entreprise. Que vous ne laissiez jamais votre frustration ou votre colère vous entraîner dans des actes indignes ou des paroles assassines que vous n'auriez jamais accepté que l'on vous adresse. Quel que soit le destin de votre couple, vous pourrez ainsi durablement vous regarder chaque matin dans votre miroir. Un luxe infiniment plus précieux que n'importe quelle association, car mieux vaut perdre son entreprise que perdre son âme.

Philippe Bloch
Entrepreneur et animateur de
« L'Entreprise BFM » sur BFM Business

INTRODUCTION

Vous envisagez de vous associer, vous l'êtes ou vous l'avez été ? Ce livre est fait pour vous ! Créer et développer une entreprise tout seul, pourquoi pas ? Mais à plusieurs, la route est forcément plus riche en rencontres. L'idée vous attire ? Vous avez raison ! Mais attention, le chemin de l'association est sinueux et les sorties de route fréquentes.

Heureusement, bien s'associer, cela s'apprend. Et il n'est jamais trop tard pour commencer. Partir du bon pied, c'est ce que nous vous proposons dans ce livre.

Votre envie n'étant pas forcément celle de votre voisin, vous ne trouverez pas ici de vérité qui s'applique uniformément. Simplement, l'expérience prouve que les pièges à éviter sont prévisibles. Les questions qui challengent la relation entre les associés, voire conduisent à la rupture, sont toujours les mêmes. Alors, autant partir sur des bases saines et clarifier sans tarder ce qui doit l'être. Sans formalisme pointilleux inutile, mais sans vivre au pays des Bisounours non plus.

Vous trouverez ici un tour d'horizon des questions à se poser ensemble. Structurées autour des grandes étapes de la vie d'une association en entreprise, les principales problématiques à résoudre vous seront présentées par des exemples de bonnes pratiques, de moins bonnes pratiques et même de mauvaises… Le tout est issu de l'expérience de centaines d'entrepreneurs et illustré par de nombreux témoignages de dirigeants, qui ont bien voulu confier l'histoire, parfois douloureuse, parfois glorieuse, des liens qui les unissent.

L'envie d'écrire ce livre vient de ma propre expérience. À 27 ans, je me suis lancé à mon compte en m'associant. La bonne réussite économique de l'entreprise s'est hélas accompagnée d'un échec de la relation d'association. Jeune et bête, j'ai pu expérimenter pour vous tout ce qu'il ne fallait pas faire… Huit années ont passé depuis ces débuts laborieux, et grâce aux nombreux liens que j'ai tissés dans les milieux patronaux, j'ai pu réaliser à quel point ces questions et ces problèmes étaient récurrents et essentiels. Quand la clameur des congrès se tait, que les salles de formation se vident, ces histoires se racontent à mi-voix : échange après échange, j'ai recueilli plus d'une centaine de témoignages pudiques, loin des discours de façade, où l'on parle aussi bien d'espoirs en l'autre déçus que de liens vivants ; d'échecs que de succès.

Avec les membres du mouvement d'entrepreneurs que j'ai eu la chance de présider pendant deux ans, le Centre des jeunes dirigeants de La Défense, nous avons formalisé cette approche pour élargir le recueil de témoignages à différents horizons entrepreneuriaux. Puis, avec la journaliste économique Sophie Baqué, nous avons dégagé les lignes de force principales de l'association pour vous permettre de les aborder le plus simplement possible. À chaque grande étape de la relation d'associés correspond un chapitre que vous pouvez lire de manière indépendante des autres et qui décortique les enjeux essentiels, les pièges les plus fréquents et les bonnes pratiques à étudier.

Vous démarrez une entreprise à plusieurs ?

Ça y est ? Vous allez démarrer votre entreprise ! Vous avez l'expérience d'un métier, un premier client ou une idée novatrice, et mille chemins sont possibles. Ce collègue, cet ami, ce parent, c'est la personne de confiance avec qui vous allez pouvoir échanger, discuter, gagner du temps, mais surtout affronter l'inconnu. Parfois affichée, parfois pudique, compte avant tout l'envie d'avancer ensemble pour affronter les défis de cette aventure moderne par excellence : l'entrepreneuriat.

Aucun de vous ne s'y connaît véritablement en droit. À vrai dire, la gestion d'une entreprise vous est plutôt étrangère. Mais vous savez au fond de vous que c'est par l'entrepreneuriat que passe votre chemin. Pour libérer votre énergie créatrice, exprimer votre potentiel, il faut faire ce pas dans le vide. Vous pressentez qu'en le faisant ensemble, l'aventure sera plus belle. Rien n'a vraiment commencé, et vient déjà l'heure des premières questions, des premiers compromis à trouver et une question se pose : « Comment font les autres ? Quels sont les pièges à éviter ? »

Le chapitre 1, « La flamme commune », vous permettra de clarifier les grandes lignes économiques de votre projet et de vous assurer que vous partagez les mêmes valeurs entrepreneuriales.

Le chapitre 2, « Partez sur des bases saines », vous aidera à mettre en musique juridiquement votre association. Vous y découvrirez le piège qui fait régulièrement exploser en vol une bonne moitié des associations d'entrepreneurs. Avec quelques questions simples, vous parviendrez à déminer le chemin.

Vous souhaitez redonner un second souffle à votre association

Vous êtes à votre compte depuis quelque temps déjà. Vous vous êtes associés pour faire jouer à plein la complémentarité des compétences. La relation avec votre associé est bonne… Mais entre ce que vous imaginiez au départ et la réalité actuelle, le fossé se creuse. En parler est compliqué. Quand vous mettez sur la table des questions stratégiques ou économiques, voilà que surgissent des questions sur le lien entre vous, entremêlées à des questions juridiques. Tout se mélange. Pourtant, vous étiez d'accord au départ. Que se passe-t-il ? Que voulez-vous vraiment ?

Les mots vous manquent… Pourtant, vous avez besoin de les trouver pour renouer un dialogue authentique et vivant.

Le chapitre 3, « La justice, le pouvoir et l'argent », vous aidera à mettre des mots sur les lignes de tension qui mettent forcément à l'épreuve toute association d'entrepreneurs et à trouver ensemble des solutions acceptables par tous, tout en surveillant du coin de l'œil les risques de dérive.

Comme dans l'échange avec votre associé, la forme est parfois aussi importante que le fond pour trouver un consensus, **le chapitre 4, « Ajustez la relation »,** vous donnera des repères pour trouver la bonne posture, désamorcer la part d'irrationnel dans vos échanges et affirmer simplement vos envies.

Vous êtes en phase de rupture

Vous avez compris. Une phrase, un mot et vous avez compris. Vous ne l'avez pas encore accepté, cependant vous savez désormais que l'autre ou les autres ne sont plus à vos côtés mais en face. Le futur dans lequel vous vous projetiez vient subitement de s'effondrer. La tristesse le dispute à la colère. Cette énergie qui faisait votre force vous manque, et votre frustration, pourtant légitime, vous dessert dans ce qui devient un combat d'apparences. Heureusement, le temps aidant, les options possibles apparaîtront plus nombreuses.

Le chapitre 5, « Gérer la sortie », vous aidera à prendre du recul, à élargir le champ des possibilités et à accepter que les chemins de vie divergent.

Vous conseillez des entrepreneurs

Vous êtes expert-comptable, notaire, banquier, avocat ou consultant. Ces histoires d'associations, vous commencez également à les connaître. Vous en avez vu bon nombre se brûler les ailes, certains réussir. Et voilà encore deux nouveaux associés qui démarrent du mauvais pied. Vous le savez, vous leur avez dit, mais ils ne vous écoutent pas… C'est qu'ils ont la tête dure, ces entrepreneurs : des contraintes, ils en ont mille, et ils ne comptent pas se laisser freiner dans leur projet. Ils vous cantonnent logiquement à votre domaine d'expertise. Ce sont eux les entrepreneurs, ce sont eux qui ont la vision globale. C'est vrai. Et pourtant, vous voudriez les aider, raconter, transmettre… au-delà même de votre rôle, car ce qui se joue dépasse le cadre professionnel. C'est une histoire d'hommes, et vous vous sentez responsable.

Ce livre a été conçu pour vous donner une courroie de transmission. Il est le fruit d'une parole d'entrepreneurs pour des entrepreneurs. Les mots, les partis pris, les postures de départ sont ceux de chefs d'entreprise. Parfois, même le vocabulaire utilisé ne satisfera pas pleinement aux définitions de votre domaine. Mais les livres techniques ne manquent pas et l'entrepreneur a besoin de mots qui lui parlent. Le but poursuivi est le même : donner à nos associés l'opportunité de dialoguer pour construire ensemble une vision entrepreneuriale partagée.

Quelle que soit la situation dans laquelle vous vous trouvez, j'espère que la lecture de ce livre vous permettra d'avancer sur le chemin d'une relation fructueuse et vivante !

Benoît Galy

1 La flamme commune

Combiner le talent des uns et des autres pour trouver la combinaison gagnante ? C'est, par définition, un acte entrepreneurial. Pour autant, il ne suffit pas de donner des parts du capital à quelqu'un pour faire de lui un entrepreneur. Votre futur associé en est-il réellement un ? Pourquoi vous associez-vous vraiment ? À quel rythme faut-il nouer le lien entre associés ? Tour d'horizon des questions à se poser avant.

Associez-vous avec un véritable entrepreneur

4 critères pour détecter la fibre entrepreneuriale

Comment savoir si votre associé est doté d'un état d'esprit d'entrepreneur ? L'économiste Joseph Schumpeter, qui s'est penché le premier sur la question, nous donne des clés de réponse : entreprendre, c'est partir des choses telles qu'elles sont, et trouver de nouvelles manières de les combiner pour donner naissance à une innovation. Il s'agit, dans tous les domaines (le produit ou le service développé, dans la relation entre associés, la relation client...), de tester des agencements nouveaux et porteurs.

« Est entrepreneur celui qui exécute de nouvelles combinaisons permettant la production. »
Joseph Schumpeter, *La Théorie de l'évolution économique,* 1911

Pourquoi s'associer pour entreprendre ? Car les talents de votre associé (ses compétences, ses capacités, sa force de travail) combinés aux vôtres doivent vous permettre d'atteindre un but plus ambitieux que si vous aviez entrepris seul de votre côté. Tester une combinaison faite du talent de chacun, c'est par définition un acte entrepreneurial.

Pour vous, la question ne se pose pas : entrepreneur, vous l'êtes. Mais pour votre associé, comment savoir ? Partir mal accompagné peut être lourd de conséquences, comme le montre le témoignage d'Alain, 40 ans :

« Je me suis associé avec trois consultants indépendants pour créer un cabinet de conseil en marketing. J'étais à l'initiative du projet et, pour les motiver, j'ai créé une société commune. Chacun a mis 1 250 € au capital, soit 5 000 € en tout. Progressivement, je me suis rendu compte qu'ils continuaient à développer chacun leur propre structure en free lance : je faisais tout le boulot, j'investissais du temps de travail non rémunéré. Au bout de six mois, quand j'ai tapé du poing sur la table pour qu'ils se mettent au boulot, ils m'ont expliqué qu'ils étaient actionnaires, que je n'avais pas à leur donner d'ordres. Après quelques échanges de plus en plus acrimonieux, ils m'ont retiré la gérance. J'ai dû jeter l'éponge et repartir à zéro. »

Pour vous éviter la même expérience, voici quatre questions à vous poser.

Critère n° 1 : Avez-vous des compétences complémentaires ?
Commençons par un petit quiz réalisé auprès de 125 dirigeants d'entreprise.

Quel est, selon vous, le bénéfice principal de l'association ?*

- La complémentarité des compétences : 83 %
- C'est un moyen d'aller plus vite : 7 %
- L'apport financier est plus important : 6 %
- Tout seul, j'ai peur : 4 %

La réponse est presque unanime : le bon associé, c'est celui qui vous donne les moyens d'entreprendre mieux, et plus vite. Vous êtes un technicien développeur de système d'informations ? Vous aurez besoin d'un commercial pour démarcher des clients. À deux, on crée des synergies productivistes, le champ des possibles est plus large, les ambitions plus grandes.

Qu'apporte la complémentarité ?

- **Un domaine d'expression pour chacun.** Dans ce type d'association, chacun dispose d'un territoire bien à lui, peut prendre des décisions de façon autonome, et s'épanouir dans un domaine où sa légitimité et ses compétences seront reconnues. Par exemple, le technicien aura la main sur les aspects techniques, le vendeur tranchera sur les enjeux commerciaux.
- **Un avantage financier.** « Avoir des profils redondants dans une PME ou une TPE, c'est du gaspillage, indique Anne Guérin, directrice régionale d'Oséo. Le salaire d'un manager coûte

* Source : sondage CJD La Défense février 2012, panel de 125 dirigeants.

beaucoup d'argent. Quitte à en avoir plusieurs, autant que l'investissement couvre un champ aussi vaste que possible des activités de l'entreprise. »

IL L'A FAIT

Ouvrir le capital de son entreprise pour être épaulé par un associé talentueux ? C'est le choix de Jean qui, deux ans après avoir créé, seul, une PME de produits de santé, a fait entrer Martin au capital pour lui confier la stratégie marketing.

Type de société	SA
Secteur d'activité	PME de produits pharmaceutiques
Nombre d'associés	4 : Jean à 70 %, Martin à 20 % et 2 actionnaires dormants
Pacte d'associés	Non

« J'ai construit ma carrière dans le circuit des multinationales. En 1998, à 53 ans, je décide de créer ma propre PME dans les produits de santé. Au démarrage de l'aventure, je m'associe avec des personnalités complémentaires, qui n'interviennent pas directement dans la société. En cédant quelques pour-cent de la société, j'obtiens ainsi les conseils d'un DRH (Directeur des ressources humaines) et d'un DAF (Directeur administratif et financier) qui travaillent dans de grands groupes. Dès le départ, les choses sont claires entre nous trois : mes associés me suivront dans toutes mes décisions. Ils n'essaieront pas de tirer profit de l'entreprise, dont je resterai le seul capitaine.

Après deux années de développement, je cherche à nouveau un associé : cette fois-ci, je souhaite partager la charge de travail et l'impliquer dans la prise de décision. Je rencontre par hasard sur un salon professionnel dédié à la pharmacie, Martin, 52 ans, directeur général d'un groupe de pharmacie, alors en pleine interrogation sur son activité professionnelle. Il cherche à développer un projet personnel et trouve une certaine adéquation avec la société que j'ai créée.

→

Nous nous voyons de façon plus ou moins informelle cinq ou six fois dans les huit mois qui suivent, jusqu'à ce que notre complémentarité se révèle évidente. Martin me rejoint, non pas attiré par le salaire, mais par des parts dans la structure (20 % du capital en 2001). À l'époque, on ne signe pas de pacte d'actionnaires.

Martin est nommé directeur général et je reste président. En dehors de nous deux, les autres actionnaires n'ont pas de rôle dans l'entreprise. Nos salaires sont relativement équivalents : 120 000 € et une voiture de fonction pour chacun, avec tout de même 10 % de plus pour moi qui suis marié et ai quatre enfants. Je considère que Martin n'a jamais abusé de son titre de directeur général par la suite : il a toujours respecté mon rôle de créateur, assurant ainsi un parfait équilibre entre nous. Vis-à-vis de l'extérieur, nous sommes toujours apparus comme « associés » sans qu'aucun ne cherche à prendre la place de l'autre.

Dans le travail, nos champs d'actions sont également complémentaires : je me concentre sur l'opérationnel, mon associé sur le positionnement stratégique de l'entreprise. Martin dispose d'une telle expérience dans le milieu du marketing et de la santé qu'il ne se trompe jamais. De plus, les conséquences de nos décisions se voient très rapidement sur les résultats des ventes… qui sont très encourageants !

Concrètement, nous n'avons pas besoin de nous voir pour faire fonctionner l'entreprise, dont nous sommes les seuls salariés : on se croise, en moyenne, une ou deux fois par semaine. On ne prend pas de décision sans se concerter mutuellement, même si, en théorie, le mot final me revient. Quelques désaccords apparaissent épisodiquement mais, au final, on aboutit toujours à un consensus.

Sur le plan humain, je n'ai pas tissé de liens amicaux avec Martin, mais plutôt une relation fondée sur la confiance et le professionnalisme. Nous avons toujours fait preuve d'un grand respect l'un envers l'autre ; nous nous valorisons mutuellement. Au cours de la vie de la société, nous avons aussi connu, épisodiquement, de grandes difficultés… mais cela n'a pas entamé notre relation. »

→

Commentaires

- **Cadrer les attentes.** Ici, l'entreprise préexiste à l'association avec Martin. Lorsque Jean ouvre les 20 % du capital à son associé, cette antériorité lui confère une grande maîtrise de la relation. Il choisit son associé pour les compétences qu'il va apporter à la société. Ce dernier partage la vision du fondateur de l'entreprise, sa place et son rôle sont parfaitement délimités. Même si elles ne sont pas matérialisées par écrit, les règles sont claires dès le début.
- **Complémentarité des âges.** Bien « mixer » les tranches d'âge peut être un choix intéressant. Deux associés du même âge entrent vite dans la comparaison et la compétition. Qui est le plus talentueux, qui a les meilleurs résultats ? À l'inverse, une personne plus âgée, qui n'essaye pas de prendre l'ascendant, apporte souvent de la sérénité.

Critère n° 2 : Votre associé est-il en quête de nouveauté ?

Aime-t-il innover ? Est entrepreneur celui qui, jour après jour, conçoit, réfléchit, imagine, teste des agencements nouveaux. « La créativité, c'est juste relier les choses entre elles », rappelait Steve Jobs. Son champ d'application est large : elle peut concerner le produit, l'organisation du travail, la relation avec les clients, les salariés, les fournisseurs ou vous-même. Votre binôme sera-t-il capable d'apporter, chaque jour, une idée nouvelle qui contribuera au succès de votre entreprise ?

Est-il énergique ? Votre associé est-il capable de suivre ses envies, et non le cadre imposé ? « Pour moi, un bon associé, c'est quelqu'un d'optimiste, qui va de l'avant. Il doit être capable d'oser prendre des risques et de mettre une énergie extraordinaire au service du projet commun », témoigne Amandine, associée de 32 ans.

Critère n° 3 : A-t-il peur de l'échec ?

Sait-il rebondir après avoir échoué ? « Le succès, c'est d'aller d'échec en échec sans perdre son enthousiasme », nous dit Winston Churchill. Face à l'échec, les réactions sont multiples : pour certaines personnes, c'est un nouveau défi à relever, quand d'autres sont facilement découragées. Et pour votre associé ? Est-il capable, comme Thomas Edison, de faire 9 000 prototypes infructueux, et de voir dans chaque piste éliminée un pas en avant vers son but, l'invention de la lampe électrique… qui lui permettra de fonder quelques années plus tard General Electric ?

Sait-il tâtonner ? « Quand on a démarré l'entreprise, on était sur un tout autre logiciel que celui qu'on a développé au final, raconte Romain. Au fil du temps, le produit a évolué vers autre chose : on a changé de marché, de business model… Après avoir trouvé la bonne technologie, on l'a finalement appliquée de façon complètement différente. »

Dans l'aventure entrepreneuriale, la part d'inconnu est grande : vous devez aimer cela. Tout comme un randonneur ignore ce qu'il y a sur l'autre versant de la montagne, l'entrepreneur ne sait pas de quoi demain sera fait. Votre associé, tout comme vous, doit savoir composer avec une dose de risque.

Critère n° 4 : Va-t-il s'installer dans ses pantoufles au premier succès ?

Sait-il mettre les mains dans le cambouis ? Il ne s'agit pas seulement de faire du marketing en chambre, d'écrire des business plans dans une tour d'ivoire : après avoir imaginé votre plan d'attaque, votre mission sera de le mettre en œuvre. Même lorsque votre société sera plus grande, que vous aurez structuré et délégué, ce sera à vous et à votre associé de donner l'impulsion, d'insuffler l'énergie. Sinon, personne ne le fera à votre place.

Est-il capable de prendre des décisions ? « Un dirigeant, c'est quelqu'un qui prend tout le temps des décisions, rappellent les formateurs de l'association des Cédants et Repreneurs d'Activité (CRA). Dans 50 % des cas, elles sont bonnes, dans 50 % elles le sont moins, mais ce n'est pas grave. Car le lendemain on garde ce qui est bon et on remplace ce qui est mauvais en prenant de nouvelles décisions… C'est ainsi que l'entreprise progresse de proche en proche. »

Cherche-t-il un statut social ? Entreprendre, c'est une dynamique de nouveauté, ce n'est pas un statut social figé.

- Un chef d'entreprise se consacre uniquement à la gestion des affaires courantes de la société ? C'est un gestionnaire, pas un entrepreneur.
- Il vient uniquement pour toucher ses dividendes ? C'est un rentier, qui joue le même rôle qu'un banquier ou un investisseur… pas un entrepreneur.

Définissez la route du succès en 3 étapes

Avant d'approfondir les questions d'association, vous devrez définir votre stratégie d'entreprise. C'est le rôle du business plan. Les trois règles d'or en la matière sont les suivantes :

1. **La simplicité.** Un business plan doit contenir les variables clés de votre activité. Rien de plus. Concrètement, c'est un tableau Excel avec quelques chiffres. Comme par exemple : « Je sais que mon concurrent est rentable avec un chiffre d'affaires de 100 000 €, et je m'installe dans une rue deux fois plus passante que celle où il est. » Bravo, votre business est posé, vous pouvez vous lancer !
2. **Faites-le pour vous… pas pour les autres.** Gardez les présentations PowerPoint de 30 pages pour plus tard, quand vous ferez appel aux investisseurs institutionnels. Faites d'abord un business plan rapide et pragmatique qui vous sera avant tout utile… à vous !
3. **Faites-le évoluer.** Un bon business plan se met à jour régulièrement. Beaucoup de valeurs seront fausses au démarrage, mais c'est normal : de proche en proche, vous les affinerez.

À quoi sert un business plan ? À assurer votre survie

Votre survie dépend des investisseurs financiers extérieurs ?
Avant d'aller voir votre banquier, anticipez : vous devez savoir précisément combien d'argent sera nécessaire pour que votre entreprise puisse décoller... Indispensable pour ne pas perdre six mois de travail et de faux espoirs, en découvrant *a posteriori* que vous n'avez pas suffisamment de fonds.

Votre survie dépend de la solidarité extérieure ?
Tic-tac, tic-tac... l'horloge tourne. Bénéficier des allocations chômage ou compter sur son conjoint est un atout indéniable, mais qui ne dure pas éternellement. Par exemple, on sous-estime souvent le délai de décision du client. Vous espériez que votre prospect allait signer en août ? « Il est en vacances. » En septembre ? « Il est débordé. » À Noël ? « Mais enfin, c'est Noël, rappelez-nous en début d'année. » Janvier ? « Désolé, les budgets ont été bouclés. Mais on est vraiment très intéressés, n'hésitez pas à rappeler l'année prochaine... » Et pendant ce temps, la pression monte.

Votre survie dépend de vos sacrifices personnels ?
Après les débuts, vient ensuite la phase de l'entreprise qui marchote. Si vous n'arrivez pas à aller au-delà, vous risquez d'y passer une vie. On gagne sa vie, certes, mais moins bien qu'avant... On est à son compte donc « libre », mais cette liberté est chèrement payée avec de nombreux sacrifices financiers et de gros horaires de travail. Si vous vous y retrouvez, est-ce vraiment le cas de votre conjoint ou de votre entourage ? Est-ce bien cela que vous étiez venu chercher ? Si vous êtes associés, il est peu probable que votre tandem dure bien longtemps.

Votre survie est acquise ?
Félicitations, vous avez maintenant des problèmes... de riches !

→

Le business plan est donc là pour essayer de prévoir. Son autre atout ? Il vous obligera à vous confronter à vous-même, au fil des avancées de l'entreprise. Que vouliez-vous au départ ? Où en êtes-vous aujourd'hui par rapport à ces aspirations initiales ?

Pour dresser votre business plan, nous vous proposons de suivre trois étapes simples et efficaces. Menez cette réflexion avec votre associé, et vous aurez un premier moyen d'expérimenter si la relation fonctionne. Vous pourrez identifier les enjeux majeurs, poser les chiffres clés, comprendre l'impact d'une structure de coûts… et vous assurer qu'il y a de l'eau dans la piscine avant de plonger. Ne croyez pas que vous pourrez tout planifier à l'avance… dans un parcours entrepreneurial, ce serait un leurre.

Étape 1 : Lancez-vous… pour de faux !

Avant de démarrer votre business plan, un conseil : allez tester le marché. Prendre la température du secteur en amont vous donnera de précieux indicateurs et servira de révélateur à la faisabilité de votre projet. Voici quelques pistes, à creuser selon votre activité, qui ne coûteront rien… ou pas grand-chose.

- **Votre campagne d'appel en 1 journée.** Vu de votre salon, prospecter des clients vous semble facile ? Passez quelques jours à faire du phoning pour vous frotter à vos prospects. Allez, ne serait-ce qu'une journée. Vendez votre produit, même s'il n'est pas encore prêt. Vous pourrez ainsi valider, ou pas, le potentiel de votre future entreprise. Est-ce que l'offre plaît ? Y a-t-il un marché ? Y a-t-il un concurrent particulièrement pugnace ou offensif dans le secteur ? Quelques heures au téléphone peuvent vous éviter un an de galère, ça vaut le coup, non ?
- **Votre fréquentation en 1 heure.** Vous achetez un fonds de commerce ou un restaurant ? Avant de faire le chèque, postez-vous

une heure dans la rue et comptez les passants : vous aurez ainsi une idée réelle du trafic. Faites le même exercice avec un concurrent dont vous aurez récupéré le chiffre d'affaires sur le site Internet Infogreffe. Une règle de trois et vous avez votre chiffre d'affaires prévisionnel.

- **Votre produit sur Internet en avant-première.** Sans connaissances en informatique, vous pouvez, avec des outils comme WordPress, créer un site présentant votre produit en un ou deux jours. Ensuite, avec un budget de 5 €, vous pourrez démarrer votre première campagne de publicité sur Google en quelques minutes. Les internautes voient votre bannière de publicité, tombent sur votre site, passent commande. Désolé, ce produit est momentanément indisponible ! En attendant, vous venez de récupérer tous les chiffres essentiels à votre activité (validation du prix, taux de conversion des publicités, trafic potentiel, marge par produit…).

Étape 2 : La structure de revenus

S'il est un sujet sur lequel il est difficile de faire des pronostics, c'est bien celui des revenus. Combien allez-vous gagner ? Même si certaines hypothèses vous semblent sorties du chapeau, efforcez-vous de poser noir sur blanc les chiffres ci-dessous… vous affinerez plus tard !

- **Quel prix de vente ?** Entre un surf sur Internet et quelques coups de fil à la concurrence, vous devriez vous en sortir pour avoir le positionnement global. Votre produit est innovant ? Testez plusieurs fourchettes de prix auprès de clients potentiels.
- **Quel coût d'acquisition par client ?** Disposez-vous déjà d'un carnet d'adresses ? Combien de rendez-vous clients allez-vous faire chaque semaine ? Combien d'entretiens seront nécessaires pour vendre votre prestation ?
- **Quel objectif de chiffre d'affaires ?** Même si vous avez l'impression de faire l'exercice à la louche, fixez-vous un but : combien devez-vous vendre pour vous verser un demi-salaire ? Et un salaire complet ?

- **Quelles conditions de paiement?**
  - Vous êtes sur un marché où le client vous paye une fois la prestation réalisée? Vous devrez avancer la trésorerie nécessaire à la création de chaque produit. Mécaniquement, plus votre nombre de clients augmentera, plus vous devrez avancer d'argent.
  - Votre client paie en amont un produit que vous fabriquez ensuite? Ce sera l'inverse : plus vous aurez de clients, plus votre trésorerie sera florissante.

Étape 3 : La structure de charges

La question des coûts est cruciale. Quel est le montant des charges fixes et des charges variables?

- **Les charges variables :** elles augmentent avec votre chiffre d'affaires. Il s'agit de vos achats de la matière première (si vous êtes dans la production), de vos marchandises (si vous avez une boutique)...
- **Les charges fixes** sont indépendantes du niveau de production de l'entreprise. Elles comprennent le loyer, l'assurance, etc.

Se poser la question de ce qui est fixe et de ce qui est variable vous permettra déjà de réfléchir à l'optimisation de votre production.

En prenant un commercial indépendant, vous avez une charge variable et minimisez le risque. En recrutant un commercial en interne, vous supportez une charge fixe, mais bénéficiez d'une plus forte implication.

Tout est aussi question de proportions. Pour vous, le loyer de votre usine est un coût fixe. Pour Renault, le nombre d'usines actives dépend des ventes de voitures. Au fur et à mesure de la croissance d'une entreprise, les charges fixes ont tendance à devenir variables.

En attendant, vous pouvez dresser un tableau tout simple dans lequel vous listerez l'ensemble des coûts prévisionnels, comme dans l'exemple ci-dessous, tiré d'un cas réel. L'intérêt essentiel de ce tableau ? Il a montré à Antoine qu'il pourrait gagner sa vie avec 40 à 50 clients par mois. Son objectif ? Acquérir un client par semaine. Au bout d'un an, il a effectivement retrouvé son niveau de rémunération précédent grâce à 52 clients.

Total par mois		
Nombre de clients	50	
Nombre de produits par client	21	1050
Prix moyen par produit	7 €	7 203 €
	Total produits	1050
	Total CA	7 203 €
Coût variables		
Coût de production unitaire	2 €	2 100 €
Publicité	10%	720 €
Coût par client	1 €	50 €
	Total	**2 870 €**
Coûts fixes		
Frais serveur		100 €
Internet		35 €
Téléphone		150 €
Déplacements		200 €
Consommable		50 €
Ordinateur		30 €
Imprimante-Fax-Scanner		20 €
Locaux + EDF + Mobilier		400 €
Divers administration		50 €
Outillage de prospection		30 €
	Total	**1 065 €**
	Total coûts	**3 935 €**
	Gains	**3 268 €**

Quelques remarques :

- Faites vos calculs avec le prix hors taxe (HT) et non avec celui incluant la TVA (prix TTC). La TVA, c'est pour l'État.
- Généralement, les frais liés à l'administratif sont sous-estimés : ce n'est pas très grave. En revanche, ne sous-estimez pas le temps important que cela vous prendra.
- N'oubliez pas les charges sociales… Voici quelques ordres de grandeur :
  - Si vous êtes salarié, pour un coût entreprise de 3 268 €, le salaire après charges patronales sera d'environ 2 311 € brut, et après charges salariales, 1 815 € net.
  - Si vous êtes gérant non salarié (TNS), pour le même coût entreprise, votre salaire net sera de 2 205 € (source RSI)… mais avec moins de protection pour votre retraite.
  - Faites le calcul correspondant à votre situation précise.

Démystifiez les idées géniales et créez la vôtre !

« Il me faut une idée géniale » : Faux

> **« Le téléphone a été inventé par Graham Bell, qui pensait que son invention servirait à retransmettre de la musique à des groupes de personnes éloignées des salles de concert. »**
> Robert X. Cringely, auteur de *Bâtisseurs d'empires par accident. Origines et dessous de la Silicon Valley.*

Si vous attendez qu'une idée soit déclarée géniale, vous arriverez toujours après la bataille. Car, souvent, la réussite ne tient pas à grand-chose.

Par exemple, quand IBM au fait de sa gloire, décide de se lancer dans le PC en juillet 1980, deux éléments sont nécessaires pour démarrer rapidement : l'élément principal, le système d'exploitation, spécialité du leader informatique de l'époque Digital Research, et un élément secondaire, le langage de programmation, le BASIC, proposé entre autres par une petite entreprise de cinquante personnes, Microsoft. Les responsables d'IBM se rendent sur la côte ouest pour rencontrer le fondateur de Digital Research. Manque de chance, ce dernier a oublié le rendez-vous : multimillionnaire, il est parti tester son nouveau jet privé.

Nos émissaires d'IBM poursuivent donc leur voyage et vont voir Microsoft. Le langage BASIC, Bill Gates peut le fournir, c'est son métier. Le système d'exploitation souhaité ? Sautant sur l'occasion Bill Gates rachète à une PME voisine le système d'exploitation rudimentaire qu'elle a conçu pour le revendre au prix fort à IBM. Son nom ? QDOS pour *Quick and Dirty Operating System*, soit « OS vite fait mal fait ». Bill Gates le rebaptise aux initiales de Microsoft, soit « MS-DOS », qui deviendra le point de départ de Windows. Ce tour de passe-passe, pendant que le patron de Digital Research s'amuse avec son jet, fera de lui l'homme le plus riche du monde… ou comment le marché du siècle ne tient pas à grand-chose.

« Bien faire un business existant, c'est déjà énorme » : Vrai

Ainsi, si vous attendez l'idée du siècle pour vous lancer, vous risquez d'attendre longtemps. Pire, vous risquez d'avoir des surprises le jour où vous passerez de la parole aux actes : « Pas de concurrents, pas de business », dit le dicton. À l'inverse, sur des métiers existants, il y a souvent une place au soleil pour ceux qui font leur métier avec cœur.

Voici une histoire qui s'est passée en bas de chez moi : une boulangerie vient d'ouvrir ses portes, juste en face d'une autre installée depuis dix ans dans le quartier. Aberrant ? Et pourtant…

D'un côté, le nouveau boulanger fait son pain avec du cœur, l'accueil est sympathique et souriant, le pain délicieux… il a même installé une vitre transparente pour qu'on le voie en train de travailler, de pétrir la pâte, de compter les pépites de chocolat dans les brioches… bref, il a tout compris. De l'autre côté, l'ancienne boulangerie fait un pain blanc, les croissants sont secs dès le matin, la lumière blafarde, et la boulangère ne décroche s un sourire… À votre avis, quelle boulangerie fait venir des artisans pour s'agrandir ?

« Validez votre idée le plus vite possible » : Vrai

Une bonne idée business, c'est celle qui vous donne des indicateurs de succès rapidement. Il a suffi d'une nuit à Mark Zuckerberg pour concevoir un site Internet rudimentaire, et voir dès le lendemain un premier gros succès sur le campus de Harvard… puis, campus après campus, faire naître un effet boule de neige qui deviendra planétaire avec Facebook.

Fixez-vous des premières étapes simples à atteindre. « Diviser chacune des difficultés que j'examinerais, en autant de parcelles qu'il se pourrait, et qu'il serait requis pour les mieux résoudre », nous dit Descartes dans le *Discours de la méthode*. En découpant ainsi le problème, vous pourrez évaluer les résultats dans des courts délais. De quoi poser des jalons sécurisants pour la suite.

« Il faut de la chance pour réussir » : Vrai

J'aime particulièrement cette citation de Thomas Jefferson : « Je crois beaucoup en la chance ; et je réalise que plus je travaille dur, plus j'en ai. » Au boulot !

À la recherche de l'âme sœur

« Parce que c'était lui, parce que c'était moi. »
Michel de Montaigne, *De l'amitié*

Avec qui s'associe-t-on ? Comment s'assurer que cette combinaison de talents et de caractères repose sur une base solide ? Entre compétences distinctes, valeurs communes et confiance donnée, le pari tiendra-t-il à l'épreuve du temps… sur une matière mouvante, l'humain ?

Dans le secret des cœurs

Interrogeons les dirigeants pour savoir d'où viennent leurs associés.

Comment avez-vous connu votre associé ?*

- Collègue, relation professionnelle : 44%
- Famille : 29%
- Cercle d'amis : 16%
- Cursus scolaire et/ou universitaire : 11%

Étonnant paradoxe. Pour 83% des dirigeants, la complémentarité des compétences est le critère d'association n° 1. Or, ils vont chercher leur associé en terrain connu : à 56% dans la famille, les amis, les copains d'école... Et pour les 44% de relations professionnelles ? Quand on creuse, on voit qu'il s'agit souvent d'un copain du boulot qui passait par là.

Une envie de lien. Un des ressorts majeurs de l'association réside en effet dans sa dimension humaine et affective. Ce désir de lien est particulièrement fort dans les premières associations. S'associer, c'est bâtir une relation dans la durée, construire une équipe professionnelle, un tandem. La relation avec l'autre est, en elle-même, porteuse de sens, de développement personnel... même si cette dimension est souvent tue dans les débuts, par pudeur, gêne ou méconnaissance.

Égalité humaniste. C'est ainsi que l'association prend racine dans une double dimension, à la fois humaniste et productiviste. Vous aurez tendance à commencer dans un mythe égalitaire, entre personnes de confiance : vous vous mettrez à 50-50 puisque

* Source : sondage CJD La Défense février 2012, panel de 125 dirigeants.

votre associé est votre « *alter ego* », un autre moi. Pourtant, au fil du temps, des prises de décisions, du travail, des contributions tangibles au chiffre d'affaires, vont venir sur la table et changer la donne entre vous.

Il l'a vécu

Le bon équilibre, entre complémentarité et affinités, n'est pas toujours facile à trouver.
C'est le constat de Thomas, qui se heurte à cet écueil : passé le mythe égalitaire du démarrage, comment entreprendre efficacement ?

Type de société	SARL
Secteur d'activité	Services informatiques
Nombre d'associés	2 à 50/50
Pacte d'associés	Non

« En 2001, je crée ma société de services informatiques. Nous sommes trois : nous nous lançons sans nous poser de questions, nous sommes "jeunes et bêtes". Chacun a 33 % des parts, nous ne faisons pas de pacte d'associés. Quelques mois après le démarrage, l'un de nous décide de partir et on se retrouve à deux, à 50/50.
Mon associé et moi avons des compétences bien distinctes, mais nous démarrons sans définir quel sera le rôle de chacun. Cela pose problème rapidement : nous marchons sur les mêmes plates-bandes, nous discutons de toutes les décisions... Petit à petit, on décide donc de mieux se répartir les rôles. Mon associé devient directeur administratif et financier, je prends en charge toute la production et l'opérationnel. Cette nouvelle organisation est, au démarrage, très salvatrice : nos relations qui s'étaient un peu refroidies, s'améliorent un temps.
Mon associé a tendance à prendre les décisions de manière posée et réfléchie, en ayant pesé tous les paramètres financiers. De mon côté, je fonctionne à l'instinct, façon locomotive de TGV. Je ne sais toujours pas

→

où l'on va, mais on y va. En fait, nous sommes tellement complémentaires que nous sommes maintenant disjoints.
Au départ, je voyais souvent cet associé en dehors, on était proches. Aujourd'hui, on ne se voit qu'au bureau et cela me suffit. Il n'est plus question d'amitié. C'est un peu comme certains potes avec qui on s'entend très bien mais, après dix jours de vacances au ski les uns sur les autres, qu'on met du temps à réinviter à dîner…
Aujourd'hui, je suis de plus en plus convaincu de la non-pérennité de notre association. Je suis persuadé qu'il faut un chef à la barre. J'ai proposé à mon associé, récemment, qu'une part change de mains. Ainsi, l'un de nous deviendrait patron, et l'autre serait salarié très fortement actionnaire. J'ai besoin aujourd'hui d'avoir les mains libres. Je me connais : s'il ne veut pas me céder une part, je vais lui proposer de lui revendre toutes les miennes et d'aller "jouer ailleurs". Nous en sommes là ; c'était il y a 3 semaines… on doit se revoir très bientôt. À suivre donc. »

Si c'était à refaire ?

« Je pense que l'entreprise est un lieu où les décisions doivent être prises. La complémentarité et les différences font réfléchir… mais je n'ai pas signé uniquement pour réfléchir. Mon associé est quelqu'un de bien, avec des valeurs respectables mais nous sommes trop différents sur la mise en œuvre. Au quotidien, ce n'est plus vivable. On est entrepreneur ou on ne l'est pas ! Ce sont les projets qui me font bouger, j'ai besoin de continuer d'avancer. Je pense aussi que le projet commun et le mode de gouvernance doivent être arrêtés dès le départ. »

L'affectio societatis

Interview de Marie-Hélène Thomas, avocate en droit des sociétés.

Que signifie « affectio societatis » ?
C'est le désir d'entreprendre ensemble, de développer l'entreprise main dans la main. C'est l'affection que les associés ont l'un pour l'autre, dans le cadre du projet entrepreneurial. Concrètement, quand je reçois des futurs associés pour la première fois en rendez-vous, j'essaye de « ressentir » l'*affectio societatis* par ce qu'ils dégagent quand je les vois côte à côte. Comment parlent-ils ? Comment s'écoutent-ils ? Ont-ils l'air en harmonie dans ce projet ? C'est sur cette part de psychologie, indicible et néanmoins fondamentale, entre les parties que se joue le pari de l'association.

Quel est son rôle juridique ?
Sur le plan juridique, l'*affectio societatis* est, en théorie, la seule clause de validité d'une société. Le reste (pacte d'associés, statuts) n'est que règles de cohabitation. Cet élément est fondamental pour que l'entreprise avance dans de bonnes conditions.

Peut-on dissoudre une société en cas de rupture de l'*affectio societatis *?
C'est rarissime. En cas de mésentente entre les associés, l'avocat, le conseil ou le médiateur chercheront avant tout à régler le différend en maintenant l'entreprise en vie. Il faut imaginer l'association comme une famille où les associés seraient les parents et l'entreprise l'enfant : il n'y a pas de raison de tuer le bébé parce qu'on divorce ! Dans ce domaine, le législateur est plutôt arc-bouté sur des solutions de survie de l'enfant. La

→

méthode préconisée passe, le plus souvent, par une modification du pacte d'associés, des statuts, d'une sortie d'un des associés… pour, surtout, ne pas tuer l'entreprise.

Distinguez les deux associations type

Apprenons grâce à un petit quiz à distinguer deux types d'associations bien distinctes. Nous les appellerons « association de projet » et « association de clientèle ».

Ces deux voies sont très différentes en termes des rapports entre associés et d'évolution de l'entreprise, mais aucune n'est meilleure que l'autre. Soyez simplement au clair, entre vous, sur vos envies.

Le quiz

1. ***Si tout se passe comme prévu, dans trois ans vous aurez :***
   A. 4 salariés de plus
   B. 4 associés de plus
2. ***L'année a été particulièrement bonne, vous faites 50 000 € de bénéfices :***
   A. Vous versez des dividendes
   B. Vous les réinvestissez
3. ***Si un jour vous souhaitez redémarrer en solo :***
   A. Vous partirez avec vos clients
   B. Vous partirez avec un chèque
4. ***Vos études sont :***
   A. Identiques à celles de votre associé
   B. Différentes

→

5. ***Quand les affaires commenceront à marcher, pour votre premier recrutement vous prendrez :***
   A. Un commercial
   B. Une assistante de gestion
6. ***Votre devise c'est :***
   A. Un pour tous et tous pour un
   B. Ensemble, tout est possible
7. ***Un client supplémentaire arrive, vous n'êtes pas sûr de le garder :***
   A. Vous recrutez un CDD
   B. Vous travaillez le week-end
8. ***Les décisions concernant la vie courante de l'entreprise, vous les prenez :***
   A. À la majorité
   B. À l'unanimité

Comptez votre nombre de ronds et de carrés :

	1	2	3	4	5	6	7	8
A	●	□	□	□	●	□	●	●
B	□	●	●	●	□	●	□	□

• **Majorité de ronds : vous êtes dans une association de projet.** C'est le résultat de votre projet que le client achète, pas directement votre savoir-faire. Vous lancez, par exemple, un service innovant, vous développez une marque de vêtements, un nouveau logiciel informatique, vous ouvrez un restaurant...

- En raison de la nature même de l'activité, l'entreprise exige des forces distinctes.
- Chaque associé dépend pleinement du travail des autres, et ne peut avoir de clients par lui-même.

- Au démarrage, des sacrifices en termes de rémunération seront nécessaires, mais cette énergie et ce travail, non payés à l'origine, vont progressivement se capitaliser, constituant ainsi la valeur de l'entreprise.
- **Les avantages :**
  - le travail et l'énergie sont capitalisés à chaque succès.
- **Les inconvénients :**
  - rémunération difficile au démarrage, car la phase d'amorçage est souvent longue;
  - mesure de la contribution effective délicate;
  - séparation compliquée.
- **Si vos profils sont complémentaires (recommandé) :**
  - **Enjeu :** les cultures des associés étant différentes, le dialogue peut être plus compliqué à instaurer.
  - **Écueil :** « Il ne sert à rien, c'est moi qui porte la boîte. »
  - **Solution à trouver :** reconnaître l'apport de l'autre associé.
  - **Avantage :** chacun peut s'épanouir dans son domaine.
- **Si vos profils sont identiques :**
  - **Enjeu :** redondance de compétences sans plus-value pour l'entreprise. Vous devez vous spécialiser.
  - **Écueil :** « Il fait les cocktails, moi la compta. »
  - **Solution à trouver :** répartir les tâches de façon efficace et pleinement acceptée.
  - **Avantage :** chacun peut négocier son rôle selon ses envies.

□ **Majorité de carrés : vous êtes dans une association de clientèle.** Vous êtes consultant, avocat, ou notaire, associé au sein d'un même cabinet. Dans ces métiers, on s'associe en mettant en commun une clientèle pour mutualiser des moyens de production (administratif, locaux...) et acquérir plus vite de l'expérience. Dans ce schéma, la similarité de profil est souvent de mise : chacun gère son volet commercial, traite sa clientèle.

- **Les avantages :**
  - Le travail est payé dès le démarrage.
  - Le chiffre d'affaires que chacun génère est mesurable.
  - La séparation unilatérale est plus simple, ce qui peut aider au dialogue et paradoxalement prolonger la durée de vie de l'association.
- **Les inconvénients :**
  - La valeur est faiblement capitalisée dans l'entreprise commune.
  - Métiers de prestation, où il faut sans cesse recommencer.
- **Si vos profils sont identiques :**
  - **Enjeu :** la plus-value d'être ensemble pourra être questionnée.
  - **Écueil :** « À part des bureaux, on ne partage rien. »
  - **Solution à trouver :** intensifier le partage de bonnes pratiques, pour mieux monter en compétence.
  - **Avantage :** le dialogue entre associés est facilité par la proximité des vécus et des références.
- **Si vos profils sont complémentaires :**
  - **Enjeu :** le choix entre association de projet ou de clientèle sera questionné.
  - **Écueil :** « Il n'a pas l'esprit d'entreprise » face à « Ça marche très bien comme ça, il n'a qu'à trouver ses propres clients ».
  - **Solution à trouver :** permettre à chacun de s'épanouir sans imposer son envie aux autres.
  - **Avantage :** possibilité de démarrer rémunérés avec des activités facturables et de migrer progressivement vers un mode projet.

Ils l'ont vécu

Prenons l'exemple de Loïc et de ses deux associés. Les uns veulent faire grandir l'entreprise, l'autre ne souhaite pas investir. Ou comment un écart de vision sur la nature du projet entrepreneurial peut conduire à la rupture.

Type de société	SARL (au capital de 12 500 €)
Secteur d'activité	Éditeur de logiciels
Nombre d'associés	3
Pacte d'associés	Non

« Fin 2003, je travaille avec Daniel, mon supérieur hiérarchique, dans une société qui développe des logiciels informatiques pour l'industrie alimentaire. Une des activités de l'entreprise pompe toute la trésorerie et provoque le dépôt de bilan avec un rappel des salaires sur deux mois. Tout part en vrille dans l'entreprise… J'ai 24 ans, c'est une expérience difficile mais enrichissante.

Un ancien client nous dit alors : "J'ai envie de continuer à travailler avec vous… vous devriez monter une entreprise !" Ça tombe bien : cela correspond à notre envie, à Daniel et à moi. On envisage de s'associer à quatre, avec deux autres collègues. On échange sur nos attentes respectives. Mais les deux collègues acceptent une offre de travail ailleurs.

La CCI (Chambre de commerce et d'industrie) nous invite, Daniel et moi, à monter une structure au sein de leur pépinière. C'est là que Daniel croise une ancienne relation dans l'informatique, Bernard. Il démarre lui aussi en indépendant dans le développement informatique, et a besoin d'aide pour mieux répondre aux demandes de ses clients. Il a trop de travail pour lui seul et n'est pas contre l'idée de s'associer.

Je connais très bien Daniel, mais Bernard, pas du tout. Alors que nous avions eu une longue phase d'échange préalable avec nos deux anciens collègues, nous la squeezons complètement avec Bernard. Nous sommes pris par le temps : on doit être inscrits au registre des sociétés rapidement pour pouvoir facturer. Nous ne discutons pas de l'objectif de chacun. On prend les statuts types de SARL sur le site de la CCI, on dépose les

→

statuts au greffe, avec un capital social de 12 500 €. Nous démarrons sans business plan, sans projet d'entreprise, sans pacte d'associés… Et presque sans dialogue, hormis une conversation sur les congés le temps d'un trajet en voiture.
Rapidement, nos conceptions divergent. Bernard ne supporte pas de partager ses clients avec nous : il souhaite un fonctionnement à l'image des cabinets d'avocats où chacun récupère son chiffre d'affaires. Son but est de maximiser la rentabilité, de travailler plus pour gagner plus. Loïc et moi voulons embaucher pour faire grossir l'équipe et développer l'entreprise. Cela devient tendu, d'autant plus que c'est Bernard qui, sur les dix premiers mois de l'année, rapporte le plus de chiffre d'affaires.
Un soir de novembre 2004, il achète beaucoup de matériel informatique, soi-disant destiné à notre R&D, et le rapporte chez lui. Le lendemain, il nous annonce son départ par e-mail, en posant ses conditions. Il a déjà prévenu les clients depuis plusieurs semaines, et part avec un de nos clients historiques, qui pèse 50 % du CA. Nous sommes furieux. »

3 étapes pour tester votre compatibilité

« Tu comptes vendre de l'eau sucrée pour le restant de tes jours ou venir avec moi changer le monde ? »
Steve Jobs en 1983, débauchant John Sculley alors président de Pepsi

Faire fortune en vendant de l'eau sucrée ou changer le monde? Tant que vous entreprenez seul, cela ne regarde que vous. Avec des associés, mieux vaut être au clair avec les envies de chacun. Quelques pistes pour vous aider à aborder les sujets importants?

Étape n° 1 : Une conception business partagée

Pour mettre le maximum de chances de votre côté, définissez les futurs piliers de votre entreprise. Trop souvent, les aspects relationnels priment et, par peur de froisser l'autre, on ne définit pas vraiment ce que l'on veut faire ensemble.

Une heure pour tout se dire. Instaurée par certains capitaux-risqueurs, il existe une méthode simple pour se projeter dans l'avenir et s'assurer que vous êtes en phase : posez par écrit le fonctionnement futur de votre entreprise demain, et dans plusieurs années (à horizon trois ans, cinq ans ou dix ans). Quel sera votre rôle ? Votre contribution ? C'est en mettant les choses en commun que vous verrez émerger quelques surprises. *« Ah... tu penses vraiment ça ? »*

Si, au moment de vous associer, vous avez fait cet exercice, vous serez plus à même de prolonger un véritable dialogue lorsque les premières difficultés apparaîtront.

Étape nº 2 : Quels moyens mettre en œuvre ?

Là aussi, il faut savoir où vous voulez aller. Prenons l'exemple de la première embauche d'un salarié. C'est souvent un premier point de clivage dans la vie d'une association. Comment ferez-vous si l'un veut embaucher pour faire grandir l'entreprise, et que l'autre souhaite d'abord toucher un bon gros salaire ? Serez-vous toujours d'accord pour recruter quelqu'un qui va vous coûter 60 000 à 80 000 € par an ? Qu'en pense votre associé ?

Pour les deux associés de cette entreprise de services à la personne, l'embauche du premier salarié a été un moment fort : ils ont accepté que celui-ci gagne plus qu'eux ! Une démarche qui implique de vouloir donner la priorité à l'entreprise plutôt qu'à soi-même.

Ils l'ont vécu

Type de société	SARL (au capital de 7 500 €)
Secteur d'activité	Services à la personne
Nombre d'associés	3 : 2 à 45 %, 1 à 10 % (pas présent dans l'opérationnel)
Pacte d'associés	Non

« Notre entreprise est une société de services à la personne à destination des personnes âgées (aide au maintien à domicile…). Nous l'avons créée en mars 2007 : avec mon associé Pierre, on sortait de l'EDHEC, nous avions envie d'entreprendre. Nous avons refusé les CDI qui s'offraient à nous pour se lancer dans ce projet, ensemble.

À l'époque, nous vivions tous les deux chez nos parents, nous n'avions ni loyer ni emprunt à rembourser. Le deal de départ, entre nous, était le suivant : "Donnons-nous un an pour essayer de se dégager un salaire, et ensuite, on verra bien." La première année, comme prévu, on ne s'est rien versé.

La deuxième année, on a réussi à se payer environ 1 000 € net par mois… C'est à ce moment-là qu'on a décidé d'embaucher. Le pas n'a pas été facile à franchir : si vous voulez recruter quelqu'un de compétent, avec un diplôme, qui n'est pas au Smic, il faut sortir au moins 70 000 € par an avec les charges. Résultat, quand on a embauché notre premier salarié, il gagnait mieux sa vie que nous !

La décision aurait pu poser problème, mais on était tous les deux d'accord sur la stratégie en matière de recrutement. On a toujours eu de grandes ambitions et un profond respect pour notre projet commun : nous voulons donner à l'entreprise tous les moyens nécessaires à son développement. On ne veut pas hypothéquer les fonds disponibles au profit de notre confort personnel. »

Étape n° 3 : Réussir, ça veut dire quoi ?

L'entreprise constitue-t-elle une fin en soi ou bien un moyen d'être votre propre patron ? Votre priorité est-elle de réinvestir pour développer le chiffre d'affaires ou de verser des dividendes pour maximiser la rentabilité ? Quels sont, pour vous et vos associés, les indicateurs de succès ? Se faire racheter par un fonds d'investissement en serait-il un ? Même si vous êtes amis, cet exercice en dira long sur votre compatibilité de visions.

Ils l'ont fait

Pour les trois associés de cette start-up informatique, la vision du succès était la même, et a été abordée avant de démarrer. Se donner tous les moyens pour essayer de devenir Google !

Type de société	Start-up
Secteur d'activité	Publicité sur Internet
Nombre d'associés	3 (à 33 % chacun)
Pacte d'associés	Non

« Quand l'entreprise a démarré, en 2005, on s'est tout de suite alignés, avec mes deux associés, sur notre vision commune. Notre but n'était pas de créer une société qui se développerait gentiment, dont on serait propriétaires à 100 %, pour y travailler toute notre vie. Huit ans plus tard, c'est toujours pareil : on veut emmener l'entreprise aussi loin que possible, en faire quelque chose d'explosif, créer l'aventure la plus ambitieuse possible, avec une envergure mondiale… Pour chaque décision opérationnelle ou stratégique concernant la boîte, on raisonne à long terme : qu'est-ce qui est le mieux pour l'entreprise ? On fait des choix de gestion qui ne sont pas, à court terme, la meilleure façon d'habiller la mariée si on voulait vendre, ce n'est pas notre but… Tant qu'on a des opportunités à aller chercher, de l'herbe sous le pied, on avance !
Cette stratégie, à laquelle on adhère tous les trois, a des implications importantes : on en a parlé, et on est d'accord dessus. La première ? La contribution de chaque associé doit être au niveau des attentes. En 2005, on a intégré un quatrième associé pour prendre en charge la partie commerciale. Mais les résultats n'ont pas été au rendez-vous, alors

→

que c'était son domaine en frontal. Cet associé a été suffisamment raisonnable pour prendre les devants, en nous disant : "Je vois bien que je ne pourrai pas apporter la valeur ajoutée prévue initialement, il vaut mieux que je parte." Il a pris, de lui-même, l'initiative de son départ, et tout s'est bien passé.
La deuxième se joue en termes de ressources humaines. Au début, on voulait tout faire dans l'entreprise (rendez-vous clients, technique, recrutement...). Au fur et mesure, on a compris que pour grossir, il fallait embaucher des gens plus talentueux que nous, les laisser faire à notre place, et les impliquer complètement dans les processus de décision. C'est une question de survie : on ne peut pas aller loin si l'on n'embauche que des gens moins bons que soi, pour ne pas avoir à gérer le partage du contrôle et de la prise de décision. Ce serait une erreur catastrophique : le niveau n'augmenterait pas.
Enfin, troisième conséquence ? On a accepté, tous les trois, de ne plus être notre propre patron. Aujourd'hui, après quatre levées de fonds, on ne contrôle plus la majorité du capital : c'est une question de niveau d'ambition. On apprend à lâcher du lest, à céder du terrain. C'est logique pour la société, financièrement... même si ça ne va pas de soi en termes d'ego et de nature humaine... Il faut travailler sur soi, et se dire "tout seul, on n'y arrivera pas". »

Commentaires

Quand les ambitions et les valeurs ont été clairement posées au démarrage, la relation avec l'associé qui ne trouve pas sa place est grandement simplifiée. Beaucoup d'entreprises mettent plusieurs mois ou années à gérer le départ d'un associé qui n'est pas en phase avec le projet. Ici, le quatrième associé part de lui-même, et tire, avec élégance, les conclusions de son intégration ratée. L'entreprise peut alors le remplacer et prendre son envol.

Check-list des questions pour amorcer la discussion

Voici quelques pistes de réflexion pour confronter vos visions respectives.

- Comment voyez-vous l'entreprise à horizon 3 ans, 5 ans ou 10 ans ?
- Le but de l'entreprise est-il de servir les associés, les clients, les salariés ou la société civile ?
- Qui contribuera à l'opérationnel, au commercial, à l'administratif ?
- Comment voyez-vous, l'un et l'autre, la route vers le succès ?
- Petites marges et gros volumes, ou petits volumes et grosses marges ?
- La priorité est-elle d'embaucher ou d'empocher ?
- Une rémunération satisfaisante, c'est combien ?
- Quel sera votre niveau de travail et d'engagement ? Être à 100 %, ça veut dire quoi pour vous ? Et à 200 % ?
- Quelle sera votre politique salariale ?
- Se faire racheter demain… est-ce une fin en soi ou une éventualité à étudier ?
- Quel serait votre plus grand rêve entrepreneurial ?

Trouvez le bon tempo

Avant de vous associer, la question du timing se pose. Et elle n'a pas de réponse évidente. Entre aujourd'hui et demain, plusieurs fenêtres de tir sont possibles. Faut-il prendre votre engagement tout de suite ou le différer pour mieux le faire mûrir avant de faire le grand saut ?

Le piège si vous démarrez trop tôt

Vous vous êtes serré la main la semaine dernière, vous avez rapidement évoqué la SARL, et votre associé veut aller déposer les statuts au tribunal de commerce? Avant de formaliser la structure juridique, voici quelques *warnings* pour éviter la précipitation.

- **Copain ou associé?** Avant de vous associer, essayez de prendre l'habitude de travailler ensemble. Votre associé, si jovial et sympa en soirées d'école, sera-t-il vivable au travail? Et si vous passiez quelques jours dans la même pièce à travailler ensemble avant de vous lancer officiellement?
- **Y a-t-il un marché?** Tant que la structure juridique n'est pas créée, vous pourrez stopper le tir à moindre coût si le marché n'est pas à la hauteur de vos attentes ou si les clients n'arrivent pas. À quoi bon passer du temps sur l'administratif, si vous devez tout arrêter dans six mois faute de résultats? En revanche, en différant la création juridique, n'oubliez pas de garder toutes les factures liées au lancement de la société : achats de fournitures, notes de restaurants, titres de transports. Tout cela pourra être déclaré plus tard en charges, et vous pourrez récupérer la TVA.

Le piège si vous tardez

Attention à l'implication progressive. Gardez d'autres alternatives. Tant que l'on n'a pas encore investi d'argent au capital, que les statuts ne sont pas déposés, on a l'impression d'avoir les mains libres… « On va bosser quelques mois toutes les deux sur le projet, et si notre association ne marche pas, je pourrai toujours en partir. Après tout, je n'ai rien à perdre! », raconte Éléonore, au chômage, qui a commencé à travailler avec une amie qui envisage de l'associer à son site Internet de vêtements pour enfants. Et pourtant…

Créer une entreprise, c'est y mettre toute sa personne, son talent… L'attitude inverse serait inquiétante. Résultat ? Plus on y travaille, plus on est impliqué. Toutes ces batailles, cette sueur dépensée, c'est bien plus que de l'argent, c'est une part de vous-même. Serez-vous réellement capable de les jeter par la fenêtre ?

- **Oui ?** Arriverez-vous à dire à votre associé qui mise tout sur ce projet et n'a pas de solution de rechange que vous laissez tomber ?
- **Non ?** Pas de possibilité pour dire stop ? Quand on n'a pas d'alternative, on n'a plus de marge de négociation vis-à-vis de son associé. Attention danger !

Il l'a vécu

La théorie de l'implication progressive, c'est toute l'histoire de Laurent. Ou comment en brûlant ses vaisseaux, on se retrouve à accepter l'inacceptable.

Type de société	SARL
Secteur d'activité	Imprimerie
Nombre d'associés	3 (à 33 % chacun)
Pacte d'associés	Non

« À 27 ans, je suis apporteur d'affaires pour un imprimeur. Je réalise 30% de son chiffre d'affaires annuel (soit 1,5 million d'euros), et je suis rémunéré à la commission sur les ventes. Depuis quelque temps, des différends et tensions sont nés entre l'imprimeur et moi. Je propose de lui vendre ma clientèle. Il se braque, rétorque qu'elle ne vaut rien et veut que je la lui donne.

Fin septembre, une opportunité se présente : dans le cadre d'un groupe d'entrepreneurs, je rencontre Xavier, un patron d'imprimerie. Il connaît le secteur : il a déjà fait un dépôt de bilan, me dit qu'il en a tiré une grande expérience. Je lui parle de ma situation, de mes doutes sur la meilleure façon de faire, de ma clientèle. Je lui demande ce que vaut mon

→

portefeuille client. Immédiatement, il répond : "Rien, ce n'est même pas toi qui factures." Un mois plus tard, pourtant, le voilà qui me rappelle : "Je suis sur un coup avec mon associé, on va reprendre une imprimerie en redressement judiciaire. Il faut agir immédiatement. Voilà ce que je te propose : on s'associe à un tiers chacun, tu es le gérant. Tu amènes ta clientèle, mon associé gère l'administratif, moi la technique… et à nous trois, on redresse la barre. C'est une imprimerie centenaire et en plus, nous en avons une autre à 4 km… des synergies seront possibles."
Suite à cette discussion fin octobre, tout s'accélère : je m'assure que mes clients sont prêts à me suivre, je commence à plancher sur l'organisation de notre future imprimerie, à réfléchir aux processus de fabrication. Je laisse les deux associés gérer les aspects liés au redressement judiciaire, un domaine qui m'est inconnu… L'audience pour la reprise est fixée mi-novembre au tribunal de commerce de Bobigny.
Quelques jours avant, on se retrouve pour signer les papiers de l'offre. Là, c'est la surprise : mes deux associés officiels sont la femme de l'associé gestionnaire et le beau-frère de l'associé imprimeur. "Du fait de nos précédents redressements judiciaires, on a des casseroles au cul, disent-ils. Pour cette nouvelle aventure, il faut qu'on maximise nos chances de succès." Traduction ? Ils sont interdits de gestion et ne peuvent apparaître d'aucune façon dans la société. Évidemment, je l'ignorais. Je veux que l'on signe un pacte d'associés, pour formaliser le mode de gouvernance, la prise de décision, les modalités de sortie… Suite à mon expérience précédente, je sais qu'en cas de désaccord, cela permet d'éviter le pugilat. Leur réponse est sans appel : "On n'a pas le temps. De toute façon, ça ne sert à rien. Si on doit s'engueuler, ce n'est pas un pacte qui changera quelque chose." Cela ne me convient pas, mais quand j'apprends tout ça, j'ai déjà annoncé à tous mes clients que je basculais, je suis en conflit avec mon ancien imprimeur qui a mal pris que je récupère ma clientèle… Mi-décembre, on reçoit la réponse positive du tribunal de commerce. Les dés sont pipés d'entrée de jeu, et je me retrouve coincé, car je n'ai pas osé faire marche arrière à temps. Un an plus tard, on est au bord du dépôt de bilan. Mes associés ont fait de nombreux abus de biens sociaux, mais je suis le seul qui apparaît

→

légalement dans l'entreprise. Je démissionne de mon poste de gérant et quitte la société sans rien. »

Commentaires

Au moment de signer les statuts, Laurent est déjà très engagé, il a dit à ses clients qu'il partait, il a rompu la relation avec son ancien imprimeur. Il n'a plus le choix, il est acculé. Comme il n'a pas de solution de repli, il se retrouve à devoir supporter des choses qu'il n'aurait jamais acceptées au départ. Il voit bien que ce n'est pas l'idéal, mais comment faire autrement, à un stade si avancé, et seul face à deux personnes qui vous mettent la pression ?

Étudiez les alternatives

Voici quelques pistes pour faire démarrer votre association de façon plus progressive dans le temps.

Piste 1 : Fiancez-vous avant de vous marier

Le principe ? Chacun reste chez soi avant la lune de miel. Pas de prise de participation pour le nouvel associé, mais un démarrage en tant que salarié dans un premier temps, ou via un contrat commercial avec sa holding (voir la notion de holding p. 130). La répartition cible des parts doit cependant être clairement définie dès le départ afin d'éviter les mauvaises surprises.

L'objectif ? Valider votre aptitude à travailler ensemble au quotidien. Vous aurez des réponses concrètes à ces questions. Comment se comporte votre futur associé en clientèle ? Qu'attend-il de l'association ? Qu'est-il à même de donner, que veut-il recevoir ? À quel point aime-t-il ce métier ?

L'avantage? Si le test ne fonctionne pas, vous évitez ainsi l'étape de séparation, de revente des parts, de fixation du prix ou de la cession de clientèle…

Il l'a fait

Cette démarche, c'est celle de Grégoire, associé avec trois autres personnes au sein d'un cabinet de recrutement parisien. Ou comment, après une première expérience ratée où l'association s'était faite sur un coup de sang, ce chef d'entreprise mise sur une démarche plus progressive.

Type de société	SA au capital social de 40 000 €
Secteur d'activité	Cabinet de chasseurs de têtes
Nombre d'associés	3 + 1 en cours de fiançailles
Pacte d'associés	Oui, dès le début

« À l'été 2003, je crée un cabinet de chasseurs de têtes avec Mikael, un ami. Nous avons, lui et moi, des profils très différents : je viens d'un cabinet de recrutement, il a travaillé comme responsable commercial chez un éditeur de logiciels. "Je ne connais pas le métier du recrutement, mais j'ai vraiment envie de l'apprendre", me dit-il. On est amis depuis longtemps, on vient du même monde. On décide de s'associer. Je prends 60 % du capital, lui 40 %. L'idée est la suivante : dans un premier temps, Mikael va apprendre le métier. Il se met dans un rôle opérationnel, commence en tant qu'exécutant de missions, pour bien comprendre le fonctionnement du métier (la relation avec les candidats, les clients…). Ensuite, il pourra commencer à générer du business. En avril 2004, Florent, un autre ami, issu des métiers des ressources humaines d'un groupe industriel, nous rejoint en tant que troisième associé : il prend 10 % du capital. Les parts sont alors de 10 % pour Florent, 35 % pour Mikael et 55 % pour moi. Début 2007, on constate que Mikael ne réussit pas dans le métier. Cela fait quatre ans que l'on bosse ensemble, mais il n'arrive pas vraiment à dégager du business, à trouver des clients. On en discute avec lui, il

→

nous confie qu'il s'est trompé de métier, qu'il ne l'aime pas. On décide de se séparer. Le cas avait été imaginé dans notre pacte d'actionnaires, ce qui permet un départ sans trop de casse.
Quand l'occasion de s'associer se présente à nouveau, début 2008, nous préférons changer de méthode. Pour Emmanuel, avec qui j'ai déjà travaillé dans le passé, et que j'identifie rapidement comme un futur associé, je décide d'être plus prudent. Nous décidons de faire "un long dimanche de fiançailles" pendant un an. Emmanuel est hébergé dans nos locaux, il facture sous notre nom, il reçoit une note d'honoraires en fin d'année. On lui reverse également des dividendes, comme s'il avait été associé, mais sous forme de commissions facturées par sa holding. Au bout d'un an, le test est concluant, pour lui comme pour nous : il aime vraiment le recrutement, on bosse bien ensemble, on a les mêmes valeurs. Début 2010, il devient actionnaire et rentre dans le capital à hauteur de 10%. La méthode ayant fait ses preuves, on remet ça actuellement avec une future associée, Anna. J'ai l'impression de devenir polygame (rires). Si ça marche bien, on s'associera avec elle début 2013. »

Commentaires

Le droit de ne pas transformer l'essai. Se fiancer, c'est garder une part de liberté. Si le (la) fiancé(e), ne vous convient pas, vous n'êtes pas obligé d'aller plus loin.
Une pratique plus facile dans les métiers à clientèle. Si les fiançailles ne marchent pas, chacun repart avec ses clients. Ce type de test est plus difficile à envisager dans une association de projet où, en cas de rupture, la question de qui part avec quoi reste entière.

Piste 2 : Montée progressive au capital

Vous pouvez également vous associer en allant crescendo. Par exemple, en proposant à votre associé différents paliers dans sa prise de participation. Il rachètera d'abord 5% du capital, puis 10% l'année suivante et sera à 33% à trois ans, si tout se passe bien.

C'est ce qu'a vécu Victor, qui s'est associé par étapes dans un cabinet d'experts-comptables.

Il l'a fait

« À 29 ans, je suis expert-comptable salarié dans un cabinet parisien. Cela fait longtemps que l'envie de créer une entreprise me titille. Je décide de prendre le taureau par les cornes : à deux reprises, je monte un plan pour m'associer avec d'anciens collègues, sans succès. Un jour, parmi les revues professionnelles que je lis régulièrement, une annonce attire mon attention : un cabinet qui existe depuis 40 ans à Paris cherche un nouvel associé. J'appelle un des trois associés, Raphaël, on se rencontre : le contact est sympathique, l'échange est fluide, mais je ne suis pas retenu. "Je vous avais choisi, mais mon père a préféré un ancien collaborateur", m'explique-t-il.

Un an plus tard, le hasard sonne à la porte : un confrère commissaire aux comptes, avec qui je travaille sur un dossier de reprise d'entreprise, vient dans mes locaux. C'est notre première rencontre. On passe quinze minutes sur le dossier et une heure à discuter du métier. Il me donne sa carte : je reconnais le cabinet précédent, c'est le père de Raphaël. Lorsque je lui indique mon contact avec son fils, il répond : "Venez nous voir, il faut qu'on discute." Voilà qui ne tombe pas dans l'oreille d'un sourd. Au départ, on n'évoque pas directement l'idée de s'associer. On va se revoir une fois, plusieurs fois, chacun relançant la machine à tour de rôle… On se drague, on se tourne autour, on se séduit un peu plus à chaque avancée, mais on prend notre temps. Au final, on met un an à s'embrasser ! En 2000, je décide de les rejoindre. J'ai 31 ans.

Le schéma est celui d'une participation progressive dans le capital si cela se passe bien, et d'une sortie à horizon deux ou trois ans si ce n'est pas le cas. Concrètement, le cabinet crée une filiale dans laquelle je deviens associé majoritaire (avec 51 % des parts). C'est une SARL, je suis le gérant. Cette structure rachète ma clientèle, j'ai trois ans pour la développer et pour recruter. Si ça ne marche pas, je pourrai reprendre mes clients et

→

voler de mes propres ailes. Le "deal" n'est pas formalisé à 100% par écrit, mais il est exprimé très clairement à l'oral.
Trois ans plus tard, notre association marche bien : je peux devenir associé du cabinet principal. Je vends alors mes 51 % à la holding et reprends le capital du père fondateur, qui part à la retraite ; je dois emprunter pour financer la différence. On se retrouve tous à égalité dans le capital. Je crois que le fait de m'associer par étapes m'a rassuré : on vient de fêter nos 10 ans ensemble ! »

Piste 3 : Associé ou prestataire ?
Êtes-vous certain que vous cherchez un associé ? Avez-vous envisagé les autres options possibles, comme un salarié qui aurait un lien de subordination ? Un partenaire ? Un prestataire ? Un apporteur d'affaires ? En creusant un peu, l'un n'est-il pas le fournisseur et l'autre le client ?

- Imaginons que vous développez un logiciel en commun : pourquoi ne pas envisager une création où vous auriez tous les deux le droit de vendre le produit ?
- Vous êtes lassé d'être seul au quotidien, vous cherchez une présence ? Votre associé sera là, à vos côtés, certes. Mais avez-vous d'abord pensé à simplement louer un bureau ensemble, à intégrer une pépinière d'entreprises ou un espace de coworking ?
- Vous voulez un associé pour prendre en charge l'administratif ou le commercial ? Pourquoi ne pas embaucher un collaborateur ?

Piste 4 : Dois-je plutôt me lancer seul ?
Cette question est légitime : l'association ne convient pas à tout le monde et mieux vaut être seul que mal accompagné. Vous pouvez, en effet, être seul aux manettes de votre entreprise, sans faire entrer d'autres personnes au capital.

- Si vous avez des doutes sur votre associé, abstenez-vous, « quand il y a un doute... il n'y a pas de doute » dit le proverbe.

- Envisager de partir seul constitue une précieuse alternative pour ne pas accepter n'importe quoi lors de la négociation de démarrage entre associés. De plus, en disant « non » aujourd'hui, vous pourrez dire « oui » demain et vous associer le moment venu, quand vous en aurez vraiment envie.

5 questions clés avant de s'associer

1. Avant de créer la structure juridique, avez-vous trouvé votre premier client ?
2. Avez-vous envisagé une phase de test préalable, en laissant à chacun la possibilité de sortir si ça ne marche pas ?
3. Quels pourraient être les paliers successifs de l'entrée au capital de votre associé ?
4. Qu'est-ce qui changerait si le potentiel associé devenait votre salarié ? Ou un prestataire de services ?
5. Ne serait-ce pas mieux chacun chez soi, tout en développant des partenariats entre vos deux entités ?

2

Partez sur des bases saines

C'est décidé, go ! Reste à poser de bonnes fondations juridiques. À plusieurs, prenez deux heures pour partir du bon pied. Quelles sont les alternatives juridiques disponibles ? Sur quel récif échoue une bonne moitié des associations ? Comment vous protéger juridiquement tout en restant focalisé sur le développement de votre entreprise ? Réponses pour faire ou refaire vos statuts.

Faites des statuts adaptés à vos moyens

Vous voulez créer une société, mais quelle forme juridique choisir ? Comment définir des statuts adaptés ? Comment fixer la répartition des parts ?

Choisissez la bonne forme juridique

SARL, EURL, SAS, SA, SASU, SCI, SNC... Vu de l'extérieur, les différentes formes juridiques ressemblent à une jungle. Pas d'affolement cependant... Au démarrage, ce sont les conditions qui vont dicter vos choix. Quel est votre budget? Quelle est votre maîtrise du sujet? En répondant à ces questions, la réalité va décider à votre place.

Dans la plupart des cas, vous choisirez une SARL : c'est la configuration la plus utilisée quand on entreprend pour la première fois en PME/TPE. Cela permet de créer une société rapidement et à moindres frais, sans prendre trop de risques. Les choses n'étant pas figées, vous pourrez facilement faire évoluer vos statuts par la suite. Quelques-uns privilégient la SAS, que nous aborderons aussi. Il existe également quelques autres configurations possibles, peu fréquentes, que nous verrons dans les grandes lignes. Pour des informations plus exhaustives, orientez-vous vers le site de l'APCE (www.apce.com).

Le match SARL/SAS

La SARL

- Société anonyme à responsabilité limitée.
- C'est la forme la plus répandue en France.
- Capital minimum : 1 €. Il est divisé en parts sociales.
- Gouvernance : un gérant ou des cogérants.
- La responsabilité des associés est limitée aux apports.
- Le gérant ou les cogérants majoritaires sont des Travailleurs Non Salariés ou TNS.
- Fort cadre juridique, contraignant mais sécurisant.
- Les associés minoritaires sont salariés avec un contrat de travail.

La SAS

- Société par actions simplifiées.
- Elle concerne plutôt les associés en deuxième association ou qui ont plus d'argent.

→

- Gouvernance : un président. Possibilité d'avoir un directeur général.
- Capital minimum : 1 €. Il est divisé en actions.
- Le président et le DG, majoritaires ou minoritaires, sont obligatoirement salariés.

Travailleur Non Salarié (TNS) : vous cotisez à des caisses spécifiques à l'ensemble des TNS. Ce statut offre une couverture retraite de base, mais globalement, vous cotisez moins.

Salarié : vous cotisez aux mêmes caisses de Sécurité sociale et de retraite qu'un salarié classique.

Vocabulaire. Par souci de simplicité, seul le terme salaire est utilisé dans ce livre, au sens étymologique de « rémunération du travail ». Néanmoins, pour faire le distinguo entre les deux statuts sociaux, les experts parlent de « salaire » uniquement pour les salariés et d'« indemnités de gérance » pour les TNS.

L'historique Insee des créations de société montre la part prépondérante des SARL ainsi que la part croissante des SAS suite aux souplesses introduites par la Loi de Modernisation Économique (LME) au 1er janvier 2009 :

Année	SARL unipersonnelles %	SARL hors SARL unipersonnelles %	SAS %	Autres sociétés %	Total
2004	17	75	4	4	**100**
2005	18	74	4	4	**100**
2006	19	73	4	3	**100**
2007	21	71	4	4	**100**
2008	21	70	4	5	**100**
2009	17	67	10	6	**100**
2010	24	57	14	5	**100**

Champ : ensemble des activités marchandes non agricoles.
Source : Insee, répertoire des entreprises et des établissements (Sirene).

Piste 1 : Vous êtes sans le sou? Faites une SARL low-cost sans hypothéquer l'avenir.
Tout le monde vous incite à « bien faire les choses au démarrage et à passer par un avocat pour faire des statuts sur mesure »? Pourtant, peu d'entrepreneurs débutants suivent ce conseil. Pourquoi? Car l'alternative est tentante. « En surfant sur Internet, nous avons trouvé très facilement un modèle gratuit de statuts types de SARL sur le site de la CCI », indique Daniel, 40 ans.

Quand on démarre avec moins de 5 000 € de capital social, on n'a pas toujours envie d'investir 1 000 à 2 000 € en frais d'avocat pour se faire de beaux statuts. Si vous êtes dans cette situation, je ne vais pas tenter de vous convaincre de passer par un avocat… vous ne m'écouteriez pas.

Attention, cependant : si vous prenez des statuts standards de SARL, vous risquez de vous retrouver coincé par la suite avec un associé qui ne veut pas sortir du capital.

- Vous êtes marié? Vous pouvez divorcer de façon unilatérale. Vous recrutez? Vous pourrez licencier un salarié sans que celui-ci soit d'accord. Vous pouvez aussi prendre l'initiative de stopper un contrat fournisseur… mais avec un associé en SARL sans clause de sortie, impossible de se séparer s'il ne le voit pas de cet œil-là. Le divorce ne pourra se faire que par consentement mutuel…
- Concrètement, imaginez que demain, vous vous disputez : votre associé (qui détient 40 % du capital et vous 60 %) cesse de travailler dans l'entreprise, mais il veut garder ses parts pour continuer à toucher des dividendes. Sans clause de sortie, vous ne pouvez pas l'obliger à vous céder ses parts : il s'appropriera 40 % de l'entreprise que vous construisez seul.
- La seule solution juridique possible pour se séparer unilatéralement sera de dissoudre l'entreprise…

Du coup, promettez-moi une chose : ajoutez impérativement une clause de sortie. C'est la seule condition pour ne pas vous retrouver menottés l'un à l'autre. Avec une telle clause, vous n'hypothéquez pas l'avenir et quand vous aurez plus de moyens, vous pourrez reprendre une discussion plus aboutie avec un avocat.

Piste 2 : Vous êtes un peu plus riche ? Trouvez le bon compromis coût-complexité.

Vous avez quelques sous à investir ? Prenez une SARL et faites-vous aider par un avocat pour ajouter des clauses spécifiques à vos besoins. Vous pouvez intégrer certaines règles qui vous tiennent à cœur (clause de sortie, prise de décision, enveloppe de notes de frais...). Faire appel à un avocat spécialisé en droit des sociétés est un investissement qui vous simplifiera grandement la vie plus tard. « Il vaut mieux payer un peu avant que beaucoup après », souligne Jean-Michel, vieux routard de l'association depuis trente-deux ans.

Vous êtes riche ? Vous avez des envies d'organisation bien précises ? C'est là que la SAS intervient. « L'intérêt de la SAS, c'est d'être façonnée sur mesure selon vos besoins. Vous pouvez faire exactement ce qui vous plaît, définir vos propres seuils de majorité, pour chaque domaine décisionnel (dividendes, sortie d'un associé)... », indique Marie-Hélène Thomas, avocate en droit des sociétés. Comme la SAS offre beaucoup de liberté, les risques d'erreur y sont plus nombreux. Il vous faudra impérativement rédiger les statuts avec votre avocat, définir votre cahier des charges, distinguer l'optionnel de l'impératif, comprendre la portée de chaque clause et la façon dont elle peut évoluer. Qui dit SAS dit statuts sur mesure... donc des frais d'avocat plus élevés que pour la SARL.

Le *Mémento sociétés commerciales* aux Éditions Francis Lefebvre vous permettra d'aller plus loin si vous souhaitez approfondir la réflexion.

Les mauvaises raisons du choix

Attention aux mauvais critères lorsque vous choisirez vos statuts. Entre autres, évitez les contorsions pour des questions d'optimisation de cotisations fiscales ou sociales. « Ces questions doivent rester au second rang, et passer après les règles de gouvernance et de répartition des pouvoirs », observe Marie-Hélène Thomas, avocate en droit des sociétés.

***« On préfère la SAS, car DG et président, c'est plus prestigieux. Gérant, ça fait un peu la crêperie du coin »*, Juliette, 31 ans, associée dans un cabinet de conseil.**

Démystifiez cela. C'est un faux sujet. Ce qui est important, c'est la gouvernance, la répartition des pouvoirs entre vous, la complémentarité de vos profils. Ne soyez pas à cheval sur la forme : ce ne sont que des mots… et vous pourrez toujours passer, plus tard, en SAS pour gérer cela.

***« C'est plus intéressant de se mettre en SARL pour être TNS, comme ça, je paierai moins de cotisations sociales »*, Nicolas, 32 ans.**

***« Je veux être salariée pour bénéficier du même niveau de protection sociale qu'un salarié, et cotiser au régime général de retraite »*, Élizabeth, 43 ans.**

Côté Sécurité sociale, avantage au statut TNS : depuis le 1er janvier 2001, les taux de remboursements sont identiques à ceux des salariés, alors que le TNS cotise moins. Côté retraite, les cotisations obligatoires du TNS sont plus basses, mais il touche une retraite moindre. Les TNS peuvent néanmoins souscrire à des contrats retraites complémentaires,

→

dits « Madelin », offrant des extensions de cotisations adaptées.

***« J'avais donné des parts à ma petite-amie pour bénéficier des avantages des salariés. Ça m'a coûté cher quand on s'est séparés »,* Bernard, 40 ans.**

Quand il fait ce choix au moment de la création de sa SARL, Bernard pensait que c'était avisé. À l'époque, on était en 1992 : la notion de SAS n'existait pas juridiquement, et être salarié était plus rentable. Bernard, désireux d'optimiser, cherche à faire le grand écart. Pour devenir salarié, il faut être minoritaire. Il donne donc 50 % du capital de son entreprise à sa petite-amie. Mais les choses changent vite. D'un côté, la législation évolue et l'optimisation n'est plus pertinente. De l'autre, l'entreprise décolle, mais dix ans après les débuts de la société, le couple se sépare. Bernard doit alors faire un chèque de 500 000 € pour racheter les 50 % de son ex…

***« Je veux pouvoir toucher mes Assedic en cas de licenciement »,* Pascal, 45 ans.**

Si vous êtes mandataire social inscrit sur le Kbis (gérant ou président), vous n'avez pas droit à l'assurance chômage… Prenez une assurance privée : c'est la meilleure garantie qui existe.

Pour aller plus loin, consultez le site du Régime Social des Indépendants (RSI) et son guide *Objectif entreprise. Quel statut juridique ? Quel statut fiscal ? Quel statut social ?*

Les autres formes juridiques

Peu d'entre vous sont concernés par ces entreprises… en voici quelques caractéristiques, dans les grandes lignes.

EURL : Entreprise unipersonnelle à responsabilité limitée

- C'est une SARL avec un associé unique.
- Passage de l'EURL à la SARL par simple changement de statuts.

SA : Société anonyme

- Capital social : 37 000 € minimum (anciennement 225 000 €).
- 7 actionnaires minimum, un conseil d'administration ou un directoire…

Bref, quand vous entrerez en Bourse ou que des investisseurs voudront engager quelques millions dans votre projet, pourquoi pas… Mais au démarrage, cela va être bien compliqué pour faire avancer votre barque. Alors, oublions.

SASU : Société par actions simplifiées unipersonnelle

- C'est une SAS avec un associé unique.
- Passage de la SAS à la SASU par simple changement de statuts.

SCI : Société civile immobilière

- Sa vocation ? Acheter des immeubles ensemble.
- Les associés sont solidaires des pertes.

Vous avez déjà fait décoller votre entreprise ensemble ? Vous achetez un fonds de commerce avec les murs ? Là, effectivement, la SCI est pertinente pour optimiser fiscalement vos revenus, constituer un patrimoine immobilier et préparer votre succession.

→

Sinon, c'est plutôt à éviter pour les raisons suivantes :

- « Louer, c'est rester libre », nous rappelle le slogan publicitaire du loueur de voitures Ucar. Au démarrage d'une association, voyagez léger. Vous éviterez, en cas de conflit, d'avoir un associé qui ne paye pas ses traites de remboursement et vient bloquer, en prime, les décisions en assemblée générale.
- « Partager des murs ne fait pas une association. » C'est la réponse que l'on peut faire à Lionel, 38 ans : « Je ne veux plus travailler seul : mon voisin de bureau dans la pépinière d'entreprises est sympa, j'ai envie qu'on s'associe en SCI en achetant des locaux ensemble. Certes, on n'a pas de projet entrepreneurial commun, mais l'idée d'une SCI nous tente. » La durée d'amortissement pour des murs est de 15 ans. Êtes-vous sûr de vous entendre aussi bien d'ici là ? Pourquoi mettre un tel poids sur votre amitié ? Achetez plutôt une machine à café et payez les dosettes à tour de rôle.

Les aides : faut-il aller les chercher ?

« Mon voisin a eu 5 000 € d'aides… Comment faire pour en avoir ? » Pour beaucoup d'associés et d'organismes de création d'entreprise, cette question occupe une place centrale. Chacun y va de son truc, de son astuce…

En démarrant, vous aurez l'impression d'être l'idiot du village. Un conseil, restez-le ! « Ces démarches bouffent du temps, indique Romain, associé dans une SSII. On peut s'épuiser à cela, d'autant plus que l'issue est incertaine. » Réduisez ces démarches a minima.

- Votre temps est précieux… et le temps, c'est ce qui manque quand on entreprend.

→

- Le vrai salut, c'est d'avoir des clients : allez plutôt chercher 5 000 € de chiffre d'affaires que 5 000 € d'aides.

Cueillez les aides qui se présentent sur votre route, mais ne vous détournez pas de votre chemin ! Quelques pistes :

- **L'ACCRE.** Si vous êtes demandeur d'emploi, foncez ! Vous pouvez continuer de toucher vos allocations chômage tout en lançant votre entreprise.
- **Le congé création d'entreprise.** Vous y avez droit si vous êtes encore salarié et que vous avez plus de deux ans d'ancienneté. Votre groupe sera obligé de vous réintégrer à date anniversaire (au bout d'un an ou deux ans). Un bon parachute si vous sortez d'une grande entreprise.
- **Le prêt d'honneur Réseau Entreprendre.** Le montant du prêt peut aller jusqu'à 50 000 €, et vous bénéficiez d'un accompagnement de chefs d'entreprise bénévoles. Et ça, ça peut vous aider à faire la différence.
- **Les financements et garanties Oséo.** La galaxie de l'aide d'État. Si vous êtes une entreprise innovante, ça peut rapporter gros… et un label entreprise innovante Oséo, c'est un bon coup de pub pour communiquer.
- **Les aides régionales :** soutien à l'investissement, fonds d'amorçage destinés à favoriser la création d'entreprises innovantes, exonérations de charges sociales et avances à taux zéro pour conforter votre fonds de roulement la première année… Ces dispositifs sont gérés par les conseils régionaux.
- **Le crédit impôt recherche/Jeune entreprise innovante.** Si vous recrutez du monde pour faire de la recherche, c'est très pertinent.
- **Les zones franches.** Vous vivez à côté ? Alors, pourquoi pas. Mais attention, pour bénéficier d'une aide, vous devez avoir une activité locale effective… Demain, ce sera sans doute compliqué pour votre TPE de recruter le commercial de vos rêves et de le faire venir dans un endroit paumé.

Déterminez le bon périmètre d'action pour votre entreprise

Ça y est. Vous voilà en SARL ou en SAS. Prochaine étape? Établir l'objet social. La question peut sembler anodine quand on démarre... Pourtant, au fil du temps, elle aura un impact sur l'équilibre et l'autonomie de chacun des associés.

L'objet social, c'est quoi? C'est le terrain de jeu de la société. Il s'agit de définir le périmètre, le champ d'action que vous donnez à votre entreprise : l'activité est-elle limitée à une seule ville? À la France? À l'Europe? Au monde entier? Vous fixez ainsi les limites de votre business : à partir de quand sortez-vous du cadre prévu par l'objet social?

Quand tout va bien entre les associés, la question de l'objet social ne se pose pas. Il peut être modifié d'un commun accord par un changement de statut lors d'une assemblée générale.

Toutefois, si vous vous brouillez, la donne va changer. Quelques illustrations de cet élément à double tranchant.

Si le périmètre est large. Exemple : vente par Internet d'objets de décoration en France et à l'international.

- **Les + :** le majoritaire pourra faire tout ce qu'il veut dans ce périmètre précis, prendre ses propres décisions...
- **Les - :** si aucune restriction n'est mise, pas de porte de sortie du type *« et si j'allais monter la même activité seul dans la ville d'à côté? »*.

S'il est restreint. Exemple : l'activité commerciale de votre boutique est limitée à la ville de Lyon.

- **Les + :** si demain, le gérant majoritaire veut monter une activité similaire sous un autre nom à Saint-Étienne, seul de son côté, c'est possible. Il sera ainsi maître chez lui, et autonome vis-à-vis de son associé.

- **Les - :** si demain le gérant majoritaire souhaite bénéficier de la marque et de la trésorerie déjà accumulées dans la première boutique pour lancer le deuxième point de vente à Saint-Étienne, ce sera plus complexe : il faudra changer les statuts… une décision qui pourra être bloquée par les associés disposant de la minorité de blocage (33 % en SARL).

Attention ! L'objet social vous protège de comportements frauduleux. Imaginons que votre associé utilise le chéquier de l'entreprise pour payer des voyages à New York et des nuits dans des palaces. Ces frais peuvent être légitimes dans une activité internationale de lobbying ou d'événementiel, mais seront difficiles à justifier pour une TPE locale de dépannage à domicile.

Fixez la bonne répartition des parts

La question de la répartition des parts est décisive. Elle détermine le pourcentage de dividendes et de la valeur à la revente que vous toucherez.

Commençons par le témoignage de Philippe : « J'ai fait l'erreur de tout débutant qui se lance : j'ai été sympa, j'ai distribué mon capital à tout le monde. J'ai, entre autres, vendu pour presque rien 20 % de capital à un chef d'entreprise d'un secteur proche pour qu'il m'aide. On a mangé deux ou trois fois ensemble les premiers mois… C'était il y a trois ans. Depuis, plus rien, aucune nouvelle. Là, je vais faire un bon exercice, et ça me fiche les boules de lui verser 20 %. En même temps, j'ai deux autres associés qui m'ont réellement aidé… je trouve ça juste qu'ils touchent quelque chose, eux. »

Les témoignages de ce type sont malheureusement légions « Souvent, on est trop gentils au démarrage, on a envie d'être accompagnés, on s'entoure, indique Michel Masoero, avocat chez Lamy-Lexel. Les associés ont tendance à donner des parts à tous ceux qui ont mis un peu d'argent, qui ont filé un coup de main… et ils font entrer les copains, les pères et mères, les oncles et tantes. Ce faisant, ils amputent la valeur de l'entreprise et créent une bombe à retardement pour demain ! »

Comment éviter de tomber dans ces pièges ? Revenons ici sur quelques écueils de novices…

« Avoir des grands noms au capital, ça va nous aider à décoller » : Faux

Si un associé apporte de la clientèle ou un réseau, oui, c'est intéressant… Mais personne ne vous demandera jamais la structure de votre capital. Avoir untel ou untel au capital ne constitue pas un argument en tant que tel : en TPE et PME, ce n'est pas le sujet ! Votre succès passe par un bon prix, un bon produit, une bonne relation clients.

Cette erreur, Loïc – dont nous avons abordé l'histoire p. 41 – l'a faite au démarrage de son association. « Fin 2003, je m'associe avec Daniel, mon ancien responsable hiérarchique, et une de ses connaissances, Bernard. Nous formons une SARL à 12 000 € de capital, dont 80 % des parts sont pour nous. Nous croyons alors que la composition de l'actionnariat a de l'importance : on prend d'autres associés pour, imaginons-nous, donner de la crédibilité à l'entreprise. On distribue du capital partout : à un apporteur d'affaires, à un ancien collègue, quelques pour-cent à trois relations de Bernard, à la mère de Daniel… ces actionnaires n'ont aucun rôle dans l'entreprise. Mais c'est une grosse erreur. À peine un an après, le comptable nous dit : « Vous êtes trois à travailler, vous avez sept actionnaires et un bénéfice nul. Si vous continuez, vos actionnaires vont gagner de l'argent. Ce serait justifié s'ils vous aidaient dans le développement, ou si le capital constituait un besoin important (pour des investissements lourds) et qu'ils apportaient de la trésorerie. Mais ce n'est pas votre cas. Un conseil : débarrassez-vous-en. » Forts de cet avis, nous rachetons dans l'année qui suit les parts au nominal (prix de départ) des minoritaires.

« On peut être associé sans être au quotidien, à temps plein, dans l'entreprise. » : Attention danger !

Qui dit parts dit rôle effectif et quotidien dans la vie de la société. Au-delà de 10 %, exigez de l'autre une présence régulière dans l'entreprise… sinon, vous risquez de vous sentir lésé lorsque vous mettrez toute votre énergie et votre cœur à l'ouvrage. Conditionnez l'octroi de parts à un rôle actif et défini.

« Je vais donner 15 % à cet associé qui m'a conseillé au départ »… et/ou « Je vais lui donner 15 %, car il me conseille deux fois par an en droit social » : Aïe !

- Ne cédez pas de parts pour un coup de main « *one shot* ». S'associer, c'est s'engager ensemble pour construire le succès de demain. Votre ami vous a rendu service à un instant T ? Réglez-lui sa prestation via une facture. En revanche, si vous l'associez, assurez-vous de la constance de son engagement.
- Vous avez envie de vous entourer ? Quelqu'un qui vous donne deux ou trois conseils réguliers ne doit pas avoir plus de 2 % ou 3 % du capital. Au-delà de 5 %, vous devez attendre une contribution effective et régulière. Plusieurs personnes vous conseillent dans différents domaines (RH, stratégie…) ? Ne leur donnez, au global, pas plus de 10 %… sinon tôt ou tard, vous le regretterez.
- Cherchez les conseils bénévoles. Intégrez plutôt une pépinière d'entreprises ou un réseau de dirigeants. Vous économiserez des deniers et vous y apprendrez beaucoup…

« 50-50, c'est bien ou pas ? » : À éviter autant que faire se peut !

Souvent, les associés hésitent entre la stricte égalité, et l'égalité avec une poignée de parts en plus pour celui qui prend la gérance. Ainsi, les montages les plus fréquents sont 50/50, 49/51 ou 1/3 partout. S'il est difficile de prévoir à l'avance quelle sera la contribution de votre associé (voir chapitre 3), essayez néanmoins d'élargir votre vision : les repères ci-dessous peuvent vous aiguiller.

- **Respecter l'historique.** Nul n'est vierge de tout passé. Essayez de mettre en lumière l'histoire et l'impact de chacun par rapport au projet entrepreneurial… de respecter la place de chacun dans la genèse du projet et sa contribution à l'entreprise. Prenons le cas de Michel. « Il y a deux ans, j'ai créé une société. Ça commence à bien marcher. Un de mes amis, Diégo, envisage de me rejoindre. Je suis super-enthousiaste, je vais lui proposer 50 % du capital. » Ce faisant, Michel nie lui-même la valeur économique de ce qu'il a constitué, le fait qu'il a dû en baver pour arriver enfin là où il en est. Quel futur pour eux ? Si Diégo vient dans ces conditions, il voudra naturellement comprendre les choix, revenir sur ceux qui ne lui semblent pas bons… d'autant plus que le 50-50 initial symbolise que les avis se valent. Le logo ne sera pas à son goût, la stratégie marketing serait plus accrocheuse comme ci, etc. Michel s'agacera sourdement au démarrage : « Mais enfin, il ne peut pas plutôt aller chercher des clients au lieu de tout remettre en question ? », puis s'énervera fortement au premier loupé de Diégo.
- **Vous êtes deux clones.** « On sort de la même école, on a la même envie, la même énergie, chacun de nous apporte une compétence indispensable à l'entreprise. On est partis tous les deux d'une page blanche à une terrasse de café pour créer cette boîte, il n'y a aucune raison pour que l'un ait une place plus importante », explique Pierre, 31 ans, associé dans une société de services à la personne. Très bien. Vous avez votre quitus pour une participation égalitaire ! N'oubliez pas tout de même de mettre une petite clause de sortie dans vos statuts au cas où vous seriez plus différents que vous ne le pensez…

Conclusion

Nous avons résumé ici les points essentiels de la création d'entreprise sous le prisme des questions à se poser quand on démarre à plusieurs. Pour toute information complémentaire, n'hésitez pas à consulter le site de l'APCE (Agence Pour la Création d'Entreprise), qui est une référence précise, complète et facile d'accès.

Déminez la question des apports

« La société est instituée par deux ou plusieurs personnes qui conviennent par un contrat d'affecter à une entreprise commune des biens ou leur industrie en vue de partager le bénéfice ou de profiter de l'économie qui pourra en résulter. Elle peut être instituée, dans les cas prévus par la loi, par l'acte de volonté d'une seule personne. Les associés s'engagent à contribuer aux pertes. »
Art. 1832 du Code civil

Nous voici au cœur de la relation : la difficulté à définir correctement les apports va être à l'origine d'une bonne moitié des conflits qui peuvent surgir a posteriori entre associés. Mais si vous y prêtez attention, vous pouvez déminer ces questions sensibles en amont.

Quels sont les types d'apports ? Qui apporte quoi ? Quelle est la valeur de votre appartement que vous transformez en atelier pendant un an ? De l'ordinateur et de l'imprimante personnels que vous mettez à la disposition de l'entreprise ? Quelle somme représentent ces années de travail où l'on se rémunère à peine, auxquelles on ajoute des nuits et des week-ends ? Peut-on répercuter cela dans la répartition des parts ?

À cette étape, les entrepreneurs fonctionnent souvent à l'intuition : ils ne formalisent pas précisément les apports et se focalisent sur un pourcentage global. « Comme je vais bosser à plein-temps et lui à mi-temps, on a fixé un 2/3-1/3 », lance Jean-Pierre, 46 ans…

Prenez le temps de poser les choses, vous ne regretterez pas d'avoir fait cet effort dans quelques années ! Prêts ? Partez…

Dotez l'entreprise du capital nécessaire pour démarrer

Effectuez des apports en numéraire suffisants

Qu'est-ce qu'un apport en numéraire ? Il s'agit de l'argent que vous allez investir dans la société. Concrètement, pour ouvrir un compte-courant d'entreprise, vous faites un chèque avec votre chéquier personnel. La banque active alors le compte, et l'apport en numéraire déposé représente la trésorerie initiale de la société.

- **Ne sous-estimez pas vos frais de lancement.** Légalement, on peut ouvrir une SARL avec 1 € symbolique. « Je vais travailler de chez moi, je n'ai aucun frais. » Certes, mais comment allez-vous payer l'ouverture du compte en banque, le dépôt de la société au greffe, l'ordinateur, le papier, les timbres, la carte bancaire, les cartes de visite ? Dans l'euphorie des débuts, on a souvent tendance à sous-estimer ces frais… Soyez réaliste et précis !
- **Mettre de l'argent sur la table, c'est une manière de s'impliquer.** Si votre associé a investi 20 000 € dans l'entreprise, il voudra récupérer ses billes rapidement en cas de départ. Il aura besoin de sa mise pour créer une deuxième entreprise, acheter une maison… À l'inverse, quand les montants investis sont faibles, on est moins pressés de les récupérer. Si votre associé a misé 500 € et qu'il détient en contrepartie 49 % du capital de votre entreprise, il aura intérêt à jouer les parasites.
- **5 000 €.** C'est l'apport initial médian par associé en Île-de-France*. À pondérer, bien sûr, selon la nature de l'activité : si vous créez un opérateur télécom, il faudra des milliards d'euros pour pouvoir démarrer votre activité… bien plus que

* Source : sondage CJD La Défense, panel de 125 dirigeants.

dans les sociétés de services, où le besoin en numéraire est moindre.

Valorisez correctement les apports en nature

Qu'est-ce qu'un apport en nature? Un véhicule, une usine, un logiciel, mais aussi un fichier client ou un brevet... Il s'agit de tout ce que les associés apportent de tangible qui servira au développement de la société.

- **Valorisez au plus juste.** Cela vous évitera des contestations a posteriori. Si les apports en nature excèdent 30000 € (en SARL) ou représentent plus de la moitié du capital social, vous devrez passer par un commissaire aux apports : c'est un expert-comptable, qui s'assurera que leur montant n'est pas surévalué. En dessous du seuil de 30000 €, en revanche, les associés sont responsables solidairement de la valeur fixée.

Dotez votre société d'un vrai capital social avec les apports en biens

Qu'est-ce que les apports en biens? Il s'agit simplement de la somme des apports en numéraire et des apports en nature. C'est l'ensemble des moyens tangibles disponibles pour faire démarrer votre entreprise. Leur montant est indiqué sous le terme « capital social » sur la fiche d'identité de votre entreprise, le Kbis, et sur vos contrats et vos factures. Exemple : « SARL au capital social de 10000 € immatriculée au tribunal de commerce de Nanterre sous le numéro... » Votre banquier, vos fournisseurs, vos clients y verront la mesure de votre engagement initial.

- **Attention à la sous-capitalisation.** Votre capital doit être à la hauteur des engagements financiers que prendra demain votre entreprise. Sous-estimer son capital social peut relever de la faute de gestion. Le risque est alors d'être poursuivi en responsabilité sur vos biens propres.
- **Valorisez correctement ce que vous apportez à l'entreprise.** Chaque associé reçoit des parts de la société proportionnellement à ses apports. En mesurant précisément les apports

en nature par rapport aux apports en numéraire, vous posez une base de répartition des parts saine.

Réservez les apports en compte-courant aux entreprises en solo

Qu'est-ce qu'un apport en compte-courant? Faire un apport en compte-courant, c'est prêter de l'argent personnel à la société. « On n'a pas les sous sur le compte-courant pour payer la facture d'électricité? T'inquiète, je vais faire un chèque avec mon chéquier perso », lancez-vous, pris dans l'urgence du quotidien. Concrètement, vous piochez dans vos propres deniers pour payer les dépenses de l'entreprise. Contrairement aux apports en biens, qui sont gravés dans le marbre des statuts, les apports en compte-courant sont plus flexibles : ils permettent aux associés de s'engager progressivement, au fur et à mesure qu'apparaissent les besoins de l'entreprise.

- **Un risque ni formalisé ni rémunéré.** Que ce soit occasionnel ou plus fréquent, appelons un chat un chat : vous êtes en train d'apporter du capital à l'entreprise. Et c'est souvent le plus engagé qui s'y colle. Ce faisant, le prêteur porte, seul, un risque financier supplémentaire. Imaginons cette situation : vous êtes deux associés, chacun a mis 2000 € de capital social au démarrage. Six mois plus tard, vous avancez seul 10000 € pour acheter le stock nécessaire à votre première opération... Vous allez sans doute trouver injuste la répartition statutaire à 50-50. Sur des montants importants, faites plutôt une augmentation de capital : ceux qui prennent un risque bénéficieront ainsi des dividendes correspondants.
- **En solo, c'est possible.** Si vous entreprenez seul, le recours aux apports en compte-courant peut devenir pertinent. Vous pouvez alimenter sans formalisme juridique votre entreprise en fonction de ses besoins et récupérer ces montants quand bon vous semble. Veillez juste à ne pas sous-capitaliser l'entreprise.

Ils l'ont vécu

« En 2004, nous formons une SARL à 12 000 € de capital. 80 % des parts sont pour moi et mes deux associés. Pour, imaginons-nous, donner de la crédibilité à l'entreprise, nous prenons aussi quatre autres actionnaires, notamment ma mère. Suite à des problèmes de trésorerie, six mois plus tard, elle avance 18 000 € en compte-courant d'associés. C'est elle qui donne à l'entreprise les moyens de se développer, même si elle n'y a aucun rôle. »

Commentaires

L'argent nécessaire pour faire tourner l'entreprise est apporté par la mère, pas par les associés. C'est une erreur. C'est elle qui donne à la société la trésorerie pour se développer, et son risque n'est pas rémunéré : au mieux, on la remboursera avec les intérêts légaux quand il y aura des sous, sans réelle plus-value sur les montants investis... Au pire, elle perd tout.

L'impossible prise en compte juridique des apports humains

« Le travail accumulé qui sert de moyen pour une nouvelle production est du capital. »
Karl Marx, *Travail salarié et Capital*, 1847

Où se situe le véritable capital de votre entreprise ? Dans les 1 000 € que vous avez mis sur la table, ou dans les deux années sans salaire que vous allez sacrifier pour que la société décolle ?

Découvrez le vrai capital de votre entreprise

Dans bon nombre de TPE/PME, le capital social, qui sert de référence d'un point de vue juridique, ne correspond pas à la véritable valeur du capital du point de vue économique... Faisons-en la preuve par l'exemple.

Scénario 1 : Ce que vous faites en tant qu'associés

Avec votre associé, vous commencez par fixer la répartition des parts en fonction du rôle de chacun. Disons 50-50. Ensuite vous calculez le montant des dépenses prévues, et vous le partagez proportionnellement pour fixer la contribution de chacun. L'apport médian constaté sur un sondage de 125 dirigeants d'Île-de-France étant de 5 000 €, ceci nous donne le tableau suivant :

	Alice	Bob
Besoins en numéraire	10000 €	
Apports en numéraire	5000 €	5000 €
Valeur du capital social	**10000 €**	

Scénario 2 : Vous prenez un investisseur extérieur

Imaginons que vous n'ayez pas un euro. Du coup, vous faites appel à un investisseur. Votre business plan est vraiment convaincant. Vous ne changez rien au projet d'entreprise défini dans le scénario 1 ; l'investisseur met 10 000 € sur la table. Logiquement, il prend 100 % des parts.

À mon avis, pas sûr que vous soyez d'accord. Pourquoi ? Parce que dans le cas 1, vous vous disiez : « Je vais sacrifier mon salaire le temps de me faire une clientèle, mais je m'y retrouve, car je donne de la valeur à mon entreprise. » Ici, la donne est différente : l'investisseur doit prévoir de vous payer, car c'est lui qui détient tout le capital.

Mettons que ce sacrifice avant d'arriver à l'équilibre représente un an de salaire par associé. Si vous n'êtes pas au capital, l'investisseur doit prévoir de vous verser à chacun un an de salaires, plus les charges. Partons sur une base de 60 000 € de coût entreprise (soit environ 43 K € brut et 34 K € net).

Ceci nous donne le tableau suivant :

	Alice	Bob
Besoins en numéraire	10000 €	
Besoins en salaires avant l'équilibre	60000 €	60000 €
Capital nécessaire pour un investisseur extérieur	**130000 €**	

Commentaires :

- On voit ici le poids que pèse le capital humain, dans la valeur totale de l'entreprise : 92 % des apports, soit 120000 € sur 130000 €, proviennent de la force de travail des deux associés. Les apports en numéraire sont dérisoires à côté !
- On est sur l'hypothèse d'une année. S'il s'agit de deux ans sans vous payer, on sera à 240000 € injectés dans l'entreprise grâce à votre travail, contre 10000 € en numéraire.
- Le salaire retenu ici n'est pas élevé : si vous n'êtes pas associé au capital, pour quel salaire serez-vous prêt à porter toutes les responsabilités que vous vous apprêtez à prendre ? À travailler 70 heures par semaine ? À faire sans broncher les corvées ingrates ? À être disponible à tout moment au détriment de votre conjoint et de vos enfants ? Une fois et demie votre salaire actuel ? Deux fois ?

Ce scénario est possible quand un investisseur est à l'initiative d'un nouveau projet. Mais ici, vous vous lancez pour être à votre compte et souhaitez être propriétaire du capital.

Scénario 3 : Vous financez vous-même votre rémunération

Si, par souci de bien faire les choses, vous décidez de financer vous-même un capital de 130000 € pour vous rémunérer. Ceci nous donne le tableau suivant :

	Alice	Bob
Besoins en numéraire	10000 €	
Besoins en salaires avant l'équilibre	60000 €	60000 €
Apports en numéraire	65000 €	65000 €
Valeur du capital social	**130000 €**	

Pourquoi vous ne le faites pas?

- **Vous n'avez pas la trésorerie suffisante.** Il vous faut avancer chacun non plus 5000 €, mais 65000 €. Des montants importants que tout le monde n'a pas au démarrage.
- **C'est un gouffre fiscal.** Dans ce scénario 3, les 60000 € que vous apportez au capital généreront après charges sociales 34000 € net, puis vient l'impôt sur le revenu. Êtes-vous sûr de ne pas préférer le scénario 1 et de vouloir garder vos 60000 € sur votre compte? Se verser une rémunération avec son propre argent est fiscalement une aberration.
- **Vous ne connaissez pas la durée du sacrifice.** Comment savoir quand vous pourrez commencer à vous verser un plein salaire, sachant que vous n'avez pas encore généré le moindre euro de chiffre d'affaires? Un an? Deux ans? Trois ans?

Constituer un capital social élevé pour se rémunérer soi-même est donc peu pertinent. L'intérêt de ce scénario? Vous savez désormais quelle est la vraie valeur que vous mettez à disposition de l'entreprise.

Des clous juridiques présents mais impraticables

Votre travail représente une partie essentielle des apports? Grâce à la notion d'apports en industrie, le législateur a prévu la possibilité d'obtenir des parts sociales en contrepartie du travail futur.

Qu'est-ce que les apports en industrie? Apporter son industrie en tant qu'associé, ce n'est pas apporter des usines, mais bien son travail et ses compétences…

Comment ça marche?

- L'associé concerné indique la valeur du travail non rémunéré qu'il entend effectuer.
- Il reçoit des parts sociales proportionnellement à ce montant.
- Il est ensuite tenu de réaliser le travail en question.
- Les parts liées aux apports en industrie donnent droit aux dividendes.

Les différences avec les apports en nature

Les apports en industrie, contrairement aux apports en nature n'augmentent pas le capital social. La raison est simple : le capital social, c'est ce qu'on peut saisir, les investissements tangibles qui forment une garantie pour les tiers. Si, demain, votre entreprise fait faillite, on aura du mal à saisir vos compétences pour solder l'ardoise de l'entreprise chez un fournisseur… sauf à revenir à l'esclavagisme.

À votre avis…

Les huissiers pourront-ils saisir et revendre au concurrent :

Technologie :
A. Votre brevet
B. Votre savoir-faire technologique

Commercial :
A. Votre fichier client
B. Votre réseau relationnel

Les limites

Le cadre juridique proposé pour intégrer les apports en industrie est néanmoins très contraignant dans la pratique.

- **Les parts reçues sont inaliénables.** Comme elles sont rattachées à votre talent, ces parts ne peuvent être cédées à un tiers. Vous touchez des dividendes, mais ne bénéficiez pas de la valeur à la revente. Une solution serait de prévoir des dispositions d'annulation de parts avec dédommagement, mais cela devient bien compliqué…
- **Combien de temps?** Sur quelle période allez-vous devoir travailler sans être payé au prix du marché? Et si l'entreprise plante au bout de six mois? Et s'il lui faut deux ans pour décoller? L'impossibilité de faire une prévision pertinente au moment de la rédaction des statuts rend, *de facto*, impossible la prise en compte d'apports en industrie dans la plupart des cas.

On voit bien l'imbroglio juridique. Du coup, le cadre prévu par le législateur pour prendre en compte la valeur du travail est très peu utilisé. Et vous vous retrouvez hors cadre, donc sans protection légale.

Percevez les risques associés à la confiance

Au départ, pas de problème, vous vous êtes entendu avec votre associé « on va bosser autant l'un que l'autre, mettons-nous à 50-50 »… sans pour autant l'écrire en suivant le formalisme juridique de l'apport en industrie. Ce fonctionnement, pourtant classique, vous emmène dans des zones de risques et de dangers importants.

Ce qui est prévu

Reprenons le scénario 1, que vous avez finalement retenu à défaut d'autres solutions réellement applicables.

	Alice	Bob
Travail à fournir non rémunéré	60000 €	60000 €
Apport en capital	5000 €	5000 €
Valeur du capital social officiel	10000 €	
Valeur du capital économique	**130000 €**	

La force de travail que vous apportez, vos compétences, les nuits et les week-ends que vous allez y passer… tout cela est invisible dans la répartition des parts officielle. Mais en vous mettant à 50-50, vous imaginez que vous allez être deux à vous serrer les coudes…

Ce qui peut se produire

Bob, pour des raisons personnelles après la signature des statuts, ne peut pas rejoindre Alice dans l'entreprise. Au bout d'un an, quand Alice aura lancé l'activité seule, cela donne le tableau suivant :

	Alice	Bob
Travail fourni non rémunéré	60000 €	0 €
Apport en capital	5000 €	5000 €
Valeur du capital social officiel	10000 €	
Valeur du capital économique	**70000 €**	

Au bout d'un an Alice, aura apporté 65000 € de la valeur économique sur 70000 €, soit 93 % des apports effectifs. Mais, juridiquement, elle n'apparaît qu'à hauteur de 50 %. Les économies personnelles d'Alice, qui ont fondu pendant la période, n'apparaissent sur aucun bilan, dans aucun statut. Bob sera-t-il compréhensif maintenant que l'entreprise a décollé ?

Aurez-vous la chance de Christine, qui s'est associée avec une amie et son collègue dans les ressources humaines ?

Racheter au nominal ? Elle l'a fait

« En 2007, je me lance avec une amie, Sandra, qui a déjà créé une entreprise de ressources humaines cinq ans plus tôt.
Au départ, nous parlons plutôt d'échanges de conseils, puis vient l'idée d'une SARL commune. Nous la créons en juillet 2007. De son côté, Sandra a déjà un associé, ce que je n'avais pas identifié au préalable. Elle s'associe via sa structure existante, qui prend 40 % dans notre SARL commune. Je m'installe dans leurs locaux.
Une vraie relation de travail démarre entre nous. Sandra est en train d'effectuer un recrutement et rencontre de très grandes difficultés avec sa salariée, ce qui la mine. J'interviens alors en soutien.
Mais, le temps passant, je me rends compte que nous ne construisons rien en commun, et développe une certaine frustration. J'ai envie d'impulser une dynamique commune, je dépense beaucoup d'énergie pour organiser des réunions, mais chacun reste dans son coin. On se voit de moins en moins.
Je commence à prendre du recul et provoque une réunion pour poser clairement la question du sens de notre association. Je leur explique ce que je ressens et ils répondent : "Il faut voir combien on valorise les parts. On voit les bilans, et on en reparle." Visiblement, même si on est amis, les intérêts financiers sont prépondérants. Je suis déçue par leur réaction.
Je dis à mes associés : "C'est moi qui ai développé le chiffre d'affaires, je propose donc de vous racheter vos parts au nominal." L'associé de Sandra veut alors négocier, mais Sandra accepte finalement le principe. »

Commentaires

Le rachat au nominal. Christine rachète les parts sociales à leur valeur initiale d'émission. Cela correspond, dans l'exemple précédent, au cas où Alice rachète à Bob ses parts pour 5 000 € au bout d'un an. Bob reconnaît ainsi qu'il n'a pas réellement contribué aux 70 000 € de valeur économique.

D'une association à l'autre, les montants, les répartitions de parts, changent... Mais d'expérience, le problème surgit dans une association sur deux. Posez-vous quelques questions avant de démarrer :

- Qu'est-ce qui vous garantit que votre associé va travailler autant que vous ?
- Si, demain, il s'investit finalement moins, quelle contrepartie aurez-vous des heures supplémentaires que vous réalisez ?
- Si vous avez un pouvoir identique avec une cogérance à 50-50, comment gérerez-vous la situation ?
- Derrière cette supposition de « bosser autant l'un que l'autre », quels engagements prenez-vous, l'un et l'autre, en termes de travail ? En temps ? En engagement de présence ? En résultats tangibles ?

Et si vous en parliez ?

Donnez du sens aux mots associés et actionnaires

Quand l'associé devient actionnaire

Et si Bob, dont nous venons de faire la connaissance dans l'exemple précédent, n'est pas aussi compréhensif que l'espère Alice ? Et si, malgré son absence de contribution, il revendique ses 50 % ?

Bienvenue dans la problématique qui fait sauter une association sur deux. Dans la réalité, comment cela se passe ? Quand Alice rappelle à Bob qu'il doit contribuer, celui-ci va immanquablement lui répondre : « Je n'ai pas à travailler, je suis actionnaire. »

C'est précisément l'histoire d'Antoine, qui s'est lancé en association avec son frère.

Fonctionner à la confiance ? Il l'a fait

« En 2006 j'ai 27 ans. Mon frère aîné, Jean, 35 ans, a une activité principale qui marche bien. À côté, il possède une société d'annonces de voitures sur Internet qui végète depuis cinq ans. Le chiffre d'affaires est faible, de l'ordre de 20 000 €, et en baisse. Les charges sont artificiellement minorées (ma mère fait le suivi administratif gratuitement). Mon frère habite au Canada, la clientèle est en France. Il en parle à ma mère comme d'un fil à la patte dont il cherche à se défaire ; il propose à l'un de mes autres frères de reprendre pour 1 € symbolique. Ce frère décline.

L'aventure m'intéresse. Jean se donne le rôle de l'homme de confiance qui va m'éviter les pièges du monde des affaires. "C'est pour toi juste un pied à l'étrier, me dit-il. Il me faut une part importante du capital, car tu vas vite vouloir créer une autre entreprise, et de toute façon, seule la valeur à la revente m'intéresse. Il me faut 25 %." Va pour une répartition 75/25. Je crois ainsi l'impliquer dans le développement. Nous prenons les statuts types de SARL où je suis majoritaire. J'investis 15 000 € d'économies. Jean apporte le site existant, valorisé sur un coin de table à 5 000 €.

Je m'investis à 100 % dans la société, qui décolle progressivement. Chaque semaine, je passe 500 coups de fil et récupère, en moyenne, un concessionnaire. Le travail ensemble fonctionne plutôt bien les six premiers mois : mon frère travaille proportionnellement à ses parts, soit un quart de temps consacré à l'informatique. Nous ne nous payons pas en attendant les dividendes. Mais rapidement, il s'esquive. Il évite les occasions de se rencontrer lorsqu'il est de passage en France. Il est toujours conciliant et volontaire pour participer à l'aventure dans les propos, mais jamais présent quand il faut travailler.

La situation me tracasse d'autant plus que Jean exige que je ne me paie pas. "Tu vas diminuer les bénéfices et la valeur à la revente", argumente-t-il. Il va encore se passer une année où Jean me dit régulièrement qu'il va contribuer, rattraper son retard, mais rien ne vient.

→

Au cours de l'été 2008, lassé des promesses répétées depuis deux ans, je lui écris par e-mail : soit il s'implique, soit je rachète ses parts, soit je pars vers un autre projet. Je reçois le lendemain un coup de fil de ma mère : "Ton frère dit que tu ne respectes pas tes engagements." Ma mère connaît pourtant très bien la situation et trouve même les arguments de mon frère abusifs : "Ce que paie Antoine, lui a-t-il expliqué, c'est le fait que moi, à son âge, j'ai bossé avec Papa et que ça s'est mal passé. Grâce à moi, il évite ça." Ma mère me confie : "Vas-y doucement avec Jean, il ne va pas bien du tout en ce moment." Touché, j'appelle Jean, qui me sermonne : "On n'a pas besoin d'écrire ces choses-là, entre nous, ça marche à la confiance, je te rappelle que je suis ton frère, tout de même. J'ai mûrement réfléchi avec ma femme, et je viens travailler avec toi." C'est un peu facile au bout de deux ans, maintenant que l'entreprise a décollé, mais il s'engage à mettre les bouchées doubles. OK pour moi.

Sauf que, quand arrive la première mission, il se dérobe à nouveau. "Je termine un autre projet, je serai dispo dans trois mois." Même son de cloche trois mois plus tard. Au bout d'un an, je lui indique que je ne trouve pas normal de ne toucher que 75 % des résultats alors que je travaille et pas lui. Son discours change alors : "Je vais te faire une proposition, j'ai bien conscience qu'il y a un problème." Les mois continuent de passer, viennent des discours alambiqués : "Ça ne tiendrait qu'à moi, Antoine, ces 25 %, je te les donnerais, mais cet argent, j'en ai besoin." Il faut dire qu'il a spéculé sur un marché immobilier en plein crash. Deux mois plus tard, je lui demande où il en est de sa proposition. "Antoine, je n'ai pas de proposition à te faire, c'est à toi de m'en faire une. Je suis un homme d'affaires. Tu dois me proposer quelque chose d'intéressant financièrement. Je n'ai pas à travailler, je suis actionnaire." Quand je lui rappelle ses engagements, il m'envoie un courrier m'indiquant qu'il n'en a pas trouvé de trace écrite. Il prend un avocat et me demande 1 million d'euros pour ses parts. J'ai passé quatre ans à être gentil et voilà le résultat. Trop bon, trop con. Du coup, je me passe de son accord et décide de me verser un gros salaire, au lieu de tout distribuer sous forme de dividendes. »

Cette histoire n'a rien d'anecdotique. Lorsqu'un chef d'entreprise rencontre des problèmes avec son associé, il s'agit une fois sur deux d'un récit similaire. Pas étonnant que le ton monte d'un cran lorsque votre associé se met aux abonnés absents. « J'ai mis 500 € au capital, j'ai pris un risque, tu comprends… », vous lance-t-il un jour. Vous aussi avez investi 500 €… mais surtout des mois, voire des années de travail non rémunérés, qui n'ont pas ou plus de contreparties chez cet associé.

Frédéric aussi a une histoire similaire. Avec son meilleur copain de lycée il démarre sa société d'informatique avec un capital social de 5 000 €. Frédéric commence pendant que son ami termine ses examens… l'entreprise démarre doucement à la force du poignet, mais décolle. Finalement, six mois plus tard, le copain a plus envie de rejoindre un grand groupe. Vendre ses parts ? Il n'en est pas question, après tout, il a investi… « On est copains certes, mais les affaires, c'est les affaires, il ne faut pas tout mélanger. » Et voici Frédéric qui, pensant s'être associé avec quelqu'un qui travaillerait à ses côtés, se retrouve avec un « actionnaire dormant ». Il faudra beaucoup d'avocats à Frédéric pour trouver de quoi mettre la pression à son ancien meilleur ami et le faire passer de 49 % du capital à 10 %. Problème résolu ? Pas tout à fait, quatre ans plus tard, ces 10 % taraudent encore Frédéric. C'est que 2 500 €, ce n'est pas cher payé pour s'approprier 10 % d'une vie de travail.

Nous l'avons vu, dans les TPE et les PME, le capital est créé par l'accumulation du travail. $K \propto W^{\gamma}$ nous disent les économistes : le capital créé (K) est proportionnel au travail accumulé (W) avec un effet d'accélération. Les heures de travail en plus de la normale sont celles qui permettent de capitaliser le plus. Autrement dit, dans une SARL – ou une SAS de petite taille – la valeur de l'entreprise prend sa source dans le travail de chacun des associés. Et les heures de travail tardives, les week-ends au bureau, la disponibilité permanente, les corvées ingrates, sont autant de sacrifices que l'on accepte pendant un temps, car on capitalise d'autant plus pour l'avenir.

Du coup, de compagnon de route, l'associé qui se met aux abonnés absents devient aux yeux des autres ce « capitaliste qui n'a de cesse de s'approprier sans contre-valeur, le travail vivant non payé ». (Karl Marx, *Le Capital*). L'assemblée générale où se décide la rémunération du travail et du capital prend alors des parfums de lutte des classes…

La solution ? Si nous avons autant insisté précédemment sur les clauses de sortie, c'est qu'elles constituent une parade pour vous sortir de ces situations… Avec une clause de sortie, l'associé non contributif est rapidement mis dehors et ne peut pas rester en parasite.

Le véritable actionnariat : les sociétés capitalistiques

Pour faire le distinguo, imaginons que vous lancez un opérateur de télécom ou d'électricité. Avant de générer une prestation qui ait de la valeur, il faudra réunir des équipes dans la France entière, acheter des infrastructures onéreuses… Vous aurez besoin de réunir des investissements, de mettre sur la table des millions d'euros… Dans ces sociétés, on est dans une logique de capital-risque… et le business model est bien différent du vôtre :

- **Les montants mis en jeu.** Ces entreprises consomment énormément de capital. Avant même de générer votre premier euro de chiffre d'affaires, vous aurez déjà cramé des millions d'euros : embauche de profils à haute valeur ajoutée, temps pour développer le produit…

- **L'équipe dirigeante prend un risque mineur :** elle se rémunère, le plus souvent, dès le premier jour pour son travail. Elle ne prend pas de risque sur son salaire. C'est tout l'opposé des PME, où les associés sacrifient plusieurs années de salaire avant de retrouver leur niveau de rémunération antérieur.
- **Les actionnaires portent le risque.** Ce sont eux qui apportent le capital, les fonds nécessaires, les titres. L'opération peut tourner court pour moult raisons : changement législatif, découverte sur les ondes et la santé, accord d'une nouvelle licence à un nouvel entrant… Le montage financier intègre une part de risque importante.

Redonnez du sens aux mots

La doctrine juridique fait apparaître deux champs lexicaux séparés selon que le lien entre les parties prenantes est un lien capitalistique ou un lien de personnes :

- d'un côté : « Société de capitaux, actions, actionnaires » ;
- de l'autre : « Société de personnes, parts sociales, associés, intuitu personae ».

Dans la réalité, les hommes et les capitaux se mélangent et tout est question de proportion. Et dans votre cas ? Quelles sont les attentes que vous mettez derrière ces mots ?

Quelques questions à vous poser pour échanger sur le sujet et essayer de définir, au-delà du juridique, une vision entrepreneuriale partagée derrière les mots :

- Quand vous présentez votre partenaire, allez-vous dire : « Je te présente l'un de mes actionnaires » ou « Je te présente l'un de mes associés » ?
- Êtes-vous rémunéré au prix du marché depuis le démarrage ?
- Combien d'années de votre salaire représente le capital social ?

Le cas intermédiaire – la start-up

La start-up constitue un cas intermédiaire où se côtoient à la fois des associés et des actionnaires, au sens entrepreneurial du terme. Voyons comment ces entreprises se construisent sur des cocktails de talents et d'apports financiers massifs.

Pour découvrir cet univers sans pitié, où pour une start-up qui fonctionne, dix-neuf se plantent (statistiques de l'Université de Stanford)*, revenons sur l'association de Romain et Xavier dont

* *Bâtisseurs d'empires par accident*, de Robert Cringely, aux éditions Addison Wesley.

nous avons partagé la vision à la p. 23. Ces associés ont créé leur start-up en 2005. Ils ont fait ensuite quatre tours successifs de levées de fonds. Ils ont d'abord cédé une partie du capital pour 3 millions d'euros en mars 2006, 7 millions en janvier 2008, 2 millions en 2009 puis 5 millions en 2010.

Les étapes de la levée de fonds

Interview de Romain Nicolli, fondateur de Critéo

Comment en êtes-vous venus à faire des levées de fonds ?

Dès le démarrage, on était dans un modèle à croissance rapide : on avait quelque chose de très sympa sur le plan technologique, il fallait aller vite... On a préféré zapper l'étape des *business angels* ou du *love money* (l'argent de la famille et des amis) pour se tourner directement vers les fonds d'investissement professionnels. Il fallait aller vite, pour que personne ne nous prenne la place... C'est ce qui s'est passé : à partir du moment où on lève de l'argent en faisant entrer un fonds d'investissement, c'est un peu comme si on mettait un moellon sur l'accélérateur de la voiture. Soit ça marche, soit ça va dans le mur, mais dans tous les cas, ça ne peut pas s'arrêter.

Comment se déroule le premier tour ?

Au premier tour, on tablait sur 300000 ou 400000 €... finalement, on a levé 3 millions d'euros... dix fois plus ! La première étape consiste à fixer les conditions financières. C'est la partie la plus sympathique. L'investisseur vous dit : « Je vous donne x millions d'euros en échange d'un tiers de la boîte. » Pour les associés, l'enjeu est de lever le plus d'argent possible, car le pourcentage de capital pris sera significatif, de toute façon. Les fonds ne prennent pas la majorité au premier tour, mais entrent

→

autour de 30% à 40%. C'est toujours dans cette fourchette-là, quel que soit le montant levé.

Comment s'est passée la négociation du pacte d'actionnaires ?

C'est une phase plus délicate. Un pacte avec des investisseurs fait environ 30 pages, il faut tout négocier, décortiquer : quelles seront les clauses ? Les conditions de gouvernance ? Le pacte, c'est la résultante du rapport de force entre vous et l'investisseur. C'est une négociation : il faut bien savoir ce sur quoi il ne faut pas céder. Il y a des points globalement inacceptables, de nature à être *deal breakers*... On ne peut pas travailler sereinement avec ce genre de clauses.

Par exemple ? Lesquelles vous ont semblé inacceptables ?

Il ne faut jamais garantir sur ses fonds personnels que l'on va atteindre tel chiffre d'affaires, tel objectif en fin d'année. Certains investisseurs peuvent dire : « On prend x% du capital, mais si vous n'atteignez pas telle valorisation à telle date, on va prendre davantage de parts. » Ou encore : « Si vous ne faites pas tel CA à tel moment, vous devez rétrocéder une plus grosse partie du capital. » Il faut verrouiller tout ce sur quoi vous n'avez pas de visibilité. L'investisseur ne peut pas avoir un deal sans risque... c'est aussi à lui de porter une partie du risque. L'idéal serait un deal du type « du capital en échange d'argent, et c'est tout ». Tout le reste, c'est défavorable aux fondateurs, ce sont des conditions qui restreignent... en tant qu'associés, il faut faire en sorte d'en avoir le moins possible.

Que recommandez-vous à un associé qui s'apprête à lever des fonds ?

De ne pas être pressé. Si on lève de l'argent au dernier moment, on perd tout pouvoir de négociation, on est sûrs de se faire rincer dans l'opération. Il faut s'y prendre à l'avance, sans en avoir de besoin immédiat, mais en réfléchissant à des besoins

→

futurs. On obtient toujours de meilleures conditions comme ça. Il faut aussi avoir d'autres alternatives. Comme dans toute négociation, tout dépend des autres options dont on dispose : si on a un seul fonds prêt à investir, on a moins de poids que si l'on en a plusieurs à mettre en concurrence...

Quelles relations entretenez-vous avec vos actionnaires ?
Nous avons quatre fonds dans notre capital. Ils participent au conseil d'administration qui a lieu tous les deux mois environ. Ils sont là pour discuter de la stratégie, pour challenger nos décisions, pour nous forcer à mieux structurer certains projets... Comme la boîte marche bien, ils sont plutôt dans un rôle de conseil. On n'a jamais connu de contrôle rapproché ou de blocage de décision stratégique : quand un actionnaire commence à fliquer, c'est qu'il n'a plus confiance dans les associés... ce n'est pas bon signe !

Commentaires

Cette histoire est révélatrice du coût du capital quand on le vend à un actionnaire qui n'est pas là pour s'impliquer au quotidien. Les montants y sont un peu exceptionnels, et l'on voit plus souvent 200000 € ou 300000 € investis pour 30 % du capital.

Ne donnez pas votre capital, vendez-le !

Une fois clarifié avec votre associé ce que vous attendez l'un de l'autre, il devient envisageable d'ouvrir le capital de votre société de manière plus large.

Vous venez tous les deux de créer une entreprise avec 10000 € de capital social ? Votre designer vous fait une prestation à 5000 € ? Et si vous le payiez en actions ?

Donnez, donnez. Si vous valorisez votre entreprise au prix de votre capital social de 10000 €, les 5000 € d'apport en plus formeront un nouveau capital social de 15000 € et rapporteront 33 % des parts à votre heureux designer. Au bout de cinq ans de dur labeur, vous vous réveillerez un matin avec ce cri du cœur : « *J'ai donné mon capital!* » Trop tard…

Vendez-le! Nous avons vu qu'avec les sacrifices que vous allez faire chacun, notamment en salaire, la valeur économique réelle de votre investissement est bien supérieure. 130000 € dans notre exemple. Le designer aura apporté une contribution de 5000 € sur un investissement total de 135000 €? C'est 3,7 % de la valeur économique. C'est à ce niveau que vous pouvez le faire entrer au capital.

Les avantages de l'opération ?

D'une part vous ne consommez pas de trésorerie. Cela transfère une partie du risque vers celui qui accepte de se faire payer en actions. D'autre part, ce mode de rémunération va inciter votre fournisseur à faire de la qualité : plus son travail est réussi, plus sa propre espérance de gain est importante.

Les inconvénients ?

- **Pour vous,** c'est une personne de plus qui aura son mot à dire sur votre gestion, vos décisions ou vos négociations pendant les assemblées générales (voir p. 116). Et votre propre pourcentage des parts a baissé. Cela vaut-il le coup pour économiser 5000 € de trésorerie? Pas forcément, d'autant que s'ajoute le coût du montage juridique. Et pour la société informatique qui vous fait votre logiciel à 30000 €? Sur ces ordres de grandeur, ouvrir son capital peut commencer à devenir pertinent.
- **Pour celui qui investit,** il devient actionnaire minoritaire d'une petite entreprise. La place est peu confortable : si la société n'a pas vocation à grossir pour être revendue, il risque d'attendre longtemps son retour sur investissement.

Comment ça marche ?

Si vous faites l'opération directement avec votre designer, sa société facture la prestation à son prix réel et, par contrat, la dette correspondante est convertible en actions. Bien sûr, vous pouvez aussi vous faire financer directement par des investisseurs.

Comment alors passer d'un capital social de 10 000 €, à une valorisation de 130 000 € ? Avec la prime d'émission !

- **Pour les savants calculs :** si votre capital social de 10 000 € est composé de 1 000 actions à 10 €, faites une assemblée générale où vous émettez des actions en plus. Ici, 3,7 % du total correspondent à 38 actions à 10 €. Mais au lieu de revendre ces actions 380 €, vous les vendez 5 000 €. La plus-value correspond à la reconnaissance par le designer que la valeur économique de votre entreprise n'est pas 10 000 € mais bien 130 000 €. D'un point de vue comptable ces 4 620 € d'écart sont enregistrés sous l'intitulé « prime d'émission ».
- **Quoiqu'il advienne :** comme cela se complique, laissez la place à un avocat en droit des affaires pour la technique. Chacun son métier. Vous, votre rôle est surtout d'évaluer le montant des sacrifices financiers (essentiellement la valeur de votre travail non payé) auxquels vous allez consentir avant d'arriver à l'équilibre. Si vous les sous-estimez ? Vous serez perdant. Si vous les surestimez ? Vous aurez du mal à trouver preneur pour vos actions…

Que choisir ?

Rentrer dans une logique d'augmentation de capital n'est pas anodin. C'est un choix de stratégie : plus vous donnez des moyens financiers à la société pour son développement, plus vous diluez votre propre participation. Dans le même temps rentrent au capital des actionnaires qui n'auront qu'une hâte une fois que l'entreprise aura décollé : vendre.

- **Potentiel restreint?** Le marché cible de votre produit est restreint? ou dépend de votre capacité personnelle à traiter les clients? Lever des fonds va vous diluer sans augmenter la taille du gâteau final. Quitte à prendre un ou deux ans de plus pour y arriver, peut-être vaut-il mieux avancer en mode low-cost?
- **Fort potentiel?** Plus vous levez d'argent, plus votre entreprise a des chances de devenir importante? Dans ce cas, trouver des investisseurs peut être pertinent. À choisir, vous préférez certainement mieux détenir 10% de Google que 100% de la pizzeria du coin.

Si une réponse économique s'impose sur ces questions, tant mieux. Sinon, attention, la pente est savonneuse dans les relations entre associés! Les « *Small is beautiful* » risquent de se télescoper avec les « Il faut voir grand ». Ce qui peut dériver si la situation se tend entre associés en un échange moins fleuri « Tu es complètement mégalo »/« Tu n'as aucune ambition »... Sur le fond, les deux positions pouvant être légitimes et relevant essentiellement de l'envie personnelle, mieux vaut échanger dès le début sur ces sujets.

Faites du droit votre allié

Ce qui vous intéresse, c'est précisément le vrai et le juste. Alors, comment faire pour que le droit vous protège sans vous accaparer? Petits conseils d'entrepreneurs à entrepreneurs...

> **« La justice dit le droit. Elle ne dit ni le vrai ni le juste. »**
> Michel Onfray

Luttez contre votre naturel et évitez les filous

Naturellement optimiste. Dans l'énergie du lancement, la priorité est rarement donnée au formalisme légal. « Le juridique? On verra plus tard... »

Pour Marie-Hélène Thomas, avocate en droit des sociétés : « Les jeunes associés sont comme de futurs mariés : ils pensent qu'ils ont trouvé l'âme sœur, ils sont dans l'enthousiasme des débuts, leur approche est très positive. Qui aurait envie, à ce moment précis, d'entendre parler des types de divorces ? Ce faisant, ils négligent complètement les risques juridiques, et n'ont pas conscience des conséquences d'un contrat d'association mal ficelé, ou pas abouti. Il ne s'agit pas de jouer à se faire peur, d'être négatif, mais simplement de penser aux raisons pour lesquelles ça pourrait mal se passer. Certains associés ne veulent pas l'entendre, d'autres n'imaginent pas les tensions possibles… d'autres enfin pensent à tort que le fait de formaliser les choses va soulever des enjeux qu'ils pourront gérer plus facilement par le non-dit… C'est le règne du : “Ne parlons surtout pas des choses qui fâchent… si on met le problème sur la table, il va devenir concret et ça va nous porter malheur.” Or, une fois que le projet est lancé, on ne peut plus faire marche arrière et ce n'est pas évident de bien savoir régler les problèmes. »

Vous allez rencontrer, sans doute, mille raisons de vous fâcher… mais plus vous aurez réglé les difficultés en amont, plus votre association aura de chances de durer.

Faites coller le juridique au réel. L'avantage du juridique, c'est qu'il offre un cadre légal qui vous protège. Il vous permettra de ne pas vous faire spolier dans votre énergie entrepreneuriale. Poser les choses formellement oblige aussi chacun à se confronter à la réalité. De quoi éviter, demain, des discours et des raccourcis faciles a posteriori, « si l'entreprise a atteint un tel résultat, c'est grâce à mon idée géniale ».

Le flou profite aux profiteurs. Méfiez-vous comme de la peste des discours de ceux qui refusent de définir les choses noir sur blanc, qui restent dans le « on verra plus tard »… « Pourquoi veux-tu écrire ça, tu ne me fais pas confiance ? » Si vous êtes honnête, la loi sera de votre côté. À l'inverse, le refus de formaliser est souvent symptomatique d'individus qui ont peur d'être mis face à la réalité, d'être confrontés à leurs responsabilités.

Il l'a vécu

Prenons le témoignage de Vincent, associé de 48 ans, qui a fait les frais d'un passage un peu trop rapide sur ces questions juridiques. Un brouillard qui l'oblige à payer le prix fort le jour où il quitte l'association.

Type de société	SA
Secteur d'activité	Agence de communication
Nombre d'associés	2 (Vincent à 51 %, Yves 49 %)
Pacte d'associés	Non

« En 2005, j'ai 41 ans. Je rencontre Yves via mon réseau professionnel. Il a créé une agence graphique il y a quatre ans, nous avons le même âge. Ses deux associés viennent de le quitter avec une partie de la clientèle. Il me propose de racheter 90 % du capital. Je réponds : "OK pour 51 %, pas pour 90 %. Retroussons-nous les manches ensemble ! Tu as tout autant envie de travailler que moi, mais il faut que tu bosses sur des choses qui te font vibrer. On est complémentaires, exprime-toi dans cette entreprise, et on formera un vrai binôme." L'entreprise avait, en effet, bien marché quand son patron était à la manœuvre avant qu'il ne se mette à déléguer… je sens chez lui une flamme à rallumer. J'emprunte 100 000 € sur sept ans pour acheter mes 51 %. En le faisant passer de 10 % à 49 %, je me dis qu'on sera dans la même barque, à équité, pour ramer ensemble, avec un même intérêt pour que ça marche. J'évite, ainsi, d'avoir un actionnaire passif, donc potentiellement nuisible.
Sur le plan administratif, je commence avec un CDD de trois mois. Puis, je décide de me mettre au chômage pour économiser un salaire à l'entreprise. Après tout, j'ai deux ans pour voir venir : les Assedic payent l'emprunt, je vis grâce aux revenus de ma petite-amie en réduisant nos dépenses a minima… Et je compte bien réintégrer l'entreprise au plus tôt en me versant un salaire, même faible.

→

La première année est difficile. La société est en perte de vitesse, les employés sont inquiets. Il faut devenir légitime auprès d'eux, je dois tout argumenter, c'est l'immobilisme. En fait, ils sont démotivés, plusieurs posent leur démission : pour stopper cette hémorragie qui coûte cher, on fait un plan de licenciement économique. On poursuit à deux, moi à la créa, lui au commercial, avec un train de vie allégé.
À deux, on s'en sort mieux qu'à sept, on remonte la pente. 2006 est l'année de tous les espoirs : après les licenciements, il restait 485 K € de dettes à mi-exercice. En fin d'année, nous sommes à moins 7000 € ! Nous traversons un petit coup de mou l'année suivante, même si l'activité résiste. En fin d'année, nous allons chez le banquier, qui nous explique que l'entreprise ne va pas très bien. Et là, stupeur, il indique à mon associé : "Avec le salaire de 7000 € par mois que vous vous versez, c'est compliqué." Je suis sonné. Cela fait deux ans que je ne me paie pas pour qu'on redresse la barre, que je lui rembourse les 51 % que j'ai payés 100000 €, et lui ponctionne 7000 € par mois dans mon dos ? Sans me le dire ? Silence. Je sors de chez le banquier et rentre directement chez moi. Je ne retournerai jamais dans la société.
Suite à ça, que faire ? Mon avocat m'explique que mon associé n'est pas solvable, qu'un procès va me coûter les yeux de la tête, que je n'obtiendrai rien… Je cherche une porte de sortie, mais lors d'une confrontation, son avocat produit une assemblée générale avec une convention réglementée datée de l'époque de la société avant le rachat. Je sais très bien que c'est un faux, fait a posteriori, mais je dois jeter l'éponge. Mes 100000 € sont définitivement perdus. Suite à cela, je passe une année cloîtré sans travailler. Je n'arrive à voir personne. Je culpabilise : "Il y avait des signaux et je n'ai pas voulu les voir." Je me sens honteux. Un copain me dira : "Tu t'es fait léser avec un grand B." Après ce passage à vide, je me remets à mon compte. Je travaille désormais seul et sans salarié. »

Commentaires

Ne rachetez pas une entreprise sans passer par la case experts : dès que la situation est complexe (reprise d'entreprise, montages financiers,

→

investissements significatifs...), vous devez impérativement prévoir l'accompagnement adéquat, par un expert-comptable et un avocat. Ne négligez pas ces étapes. Ici, Vincent se fait arnaquer, car il investit une somme lourde dans ce rachat, sans consulter de conseil juridique. Si l'expert avait étudié ce contrat d'acquisition, il aurait passé en revue l'ensemble des clauses, et l'aurait alerté. Ici, il manque une ligne : « Toutes les conventions réglementées que l'entreprise a avec des tierces parties ont été présentées sous peine de nullité. » Quelques mots qui font que Vincent n'a aucun recours alors que sont en jeu 100 000 € et deux ans de travail sans rémunération. Quelques mots qui ne s'inventent pas...

Des experts in-dé-pen-dants. Si vous sollicitez un avocat, prenez le vôtre. Pour l'expert-comptable, c'est la même chose. Sollicitez des experts qui n'ont pas de lien avec le vendeur.

Intégrez les limites de la justice

Nous avons vu le comportement des associés face à la machine juridique... Mais celle-ci comporte également, en son sein, des limites intrinsèques qui la rendent trop souvent inefficace quand on a besoin d'elle. Voici quelques points à intégrer avant de s'y pencher.

- **C'est lent.** Si vous devez passer par un jugement du tribunal, il faut savoir que l'accès au droit est long et compliqué... Pour un procès aux prud'hommes, comptez en moyenne deux ans. Si vous faites appel, vous en aurez pour trois à quatre ans en tout. Un système aux antipodes de l'énergie entrepreneuriale.
- **Ça coûte cher.** Si le montant de la brouille est de 10 000 €, allez-vous réellement dépenser plusieurs milliers d'euros chacun en frais de justice ? Cas extrême mais réel : « Mon associé m'a volé la base de données de l'entreprise en partant. Il l'a revendue

à trois concurrents. Ça m'a coûté 100000 € de frais de procédure pour bloquer leurs sites », lance Jean-Patrice, 46 ans.
- **Pas de preuve, pas de condamnation.** L'institution judiciaire est focalisée sur la preuve. Cela semble évident, mais on est bien loin de votre relation d'associé qui, elle, repose sur la confiance. Justice et droit vous paraîtront parfois bien éloignés.

Trouvez le juste niveau de formalisation juridique

Optimisez les échanges avec votre avocat. N'allez pas en rendez-vous chez un avocat la fleur au fusil pour qu'il vous dise ce que vous devez faire. Faites-vous accompagner malin. Pour obtenir un conseil juridique compétitif, préparez-vous : clarifiez et creusez les choses au maximum en amont, listez vos questions, renseignez-vous. Plus vous aurez planché avant, plus cet entretien de travail sera dense et efficace...

Les paroles s'envolent, les écrits restent. Entre associés, à vous d'opter, déjà, pour le bon niveau de formalisme. Quand vous parlez d'un sujet important (organisation, stratégie, juridique, rémunération, répartition des parts...), n'hésitez pas à écrire les choses.

« Lors de ma première association avec mon père, tout était très informel. Il y avait beaucoup de choses que je n'osais pas écrire de peur de le froisser, se souvient Christine, 46 ans. Aujourd'hui, alors que je m'associe pour la deuxième fois, je n'ai plus aucun tabou sur le fait de formaliser les choses. Je m'aperçois maintenant que plus les choses sont claires, dites, écrites, moins il y a d'interprétation. Mon associé et moi avons des contrats de travail très détaillés, on a aussi rédigé tout ce qui touche à la relation aux clients. Ça a apporté une rigueur à l'entreprise qui la rend plus performante. »

Sans aller jusqu'au pacte ou à la clause juridique inscrite noir sur blanc, une simple trace écrite, même sous forme d'e-mail, vaut quelque chose. Elle fait sens, d'abord sur le plan juridique, mais aussi sur un plan relationnel. Dans cinq ans, vous vous bénirez de pouvoir échanger avec votre associé sur des bases non contestables.

Il l'a vécu

Le témoignage suivant, de Victor, nous montre toute la difficulté de ce type de démarche. Même quand on sait ce qu'il faut faire, comment, à 22 ans, aller voir son mentor pour lui faire signer un engagement ?

Type de société	Pas de cadre juridique
Secteur d'activité	Cabinet d'experts-comptables

« Après des études d'expert-comptable, à 22 ans, je démarre dans un premier cabinet chez mon maître de stage. Je suis en quelque sorte son fils spirituel, nous sommes dans un engagement moral l'un envers l'autre, pas dans une association juridique. Celui-ci étant proche de la retraite, on envisage que je reprenne à terme la société. J'arrive avec trois clients qui ne sont pas spécialement gros, mais il est convenu que si on est amenés à se séparer un jour, je repartirai avec.
Je travaille cinq ans avec lui, je gravis les échelons tout en apprenant le métier. Lorsqu'il part à la retraite, il décide de vendre son cabinet à un groupe de 300 personnes, dont 40 associés. Du coup, je ne reprends pas les rênes, ce qui me paraît légitime : j'ai 27 ans, je suis encore très jeune, le costume est un peu grand pour moi… Il revend l'entreprise à un bon prix. Je continue d'y travailler en tant que salarié.
Au bout de trois ans dans cette nouvelle structure, on me propose de devenir associé du cabinet. Mais je refuse pour ce que l'on nomme juridiquement "l'absence d'*affectio societatis*". L'association suppose, à mes yeux, une entente, de la convivialité, des valeurs communes et le désir de construire ensemble. Ici, ce n'est pas le cas. Du jour où je dis non, le comportement des associés à mon égard change radicalement. Je deviens instantanément le vilain petit canard. On me dit : "La porte est là."

→

Je décide alors de partir en récupérant mes clients initiaux. Quand j'explique qu'il était convenu que je reparte avec ceux que j'avais apportés, les associés répondent : "Très bien, dans ce cas, on va demander à votre ancien patron." Celui-ci revient vers nous par écrit, avec un courrier indiquant : "Il n'y a jamais eu d'accord formel." Je le vis très mal. Pour lui, il n'y avait aucun enjeu financier, vu que la vente avait été finalisée depuis longtemps… Il a certainement voulu briller devant ses anciens associés, et ne m'a pas soutenu. J'avais trouvé normal à 100 % qu'il vende à d'autres, mais pas qu'il ne tienne pas parole concernant mes clients. À l'époque de notre rencontre, j'avais 22 ans, c'était le patriarche, je ne pouvais pas arriver avec mon papier en disant : "Vous me le signez ?" Évidemment qu'il n'y avait pas d'accord "formel". C'est une blague !
Suite à cela, on me présente comme celui qui veut piquer les clients… les échanges par lettres recommandées commencent. Je dois aller jusqu'à un arbitrage du conseil de l'ordre pour obtenir le rachat d'une partie de la clientèle gérée par mes soins (10 %). Dans notre métier, la clientèle se paie environ un an de chiffre d'affaires. Je dois donc emprunter. »

Commentaires

Pas facile, dans cette situation, d'aller s'affirmer face à son mentor. Demander de signer un document, c'est en effet remettre en cause la relation de confiance que l'on souhaite justement créer. Une petite phrase clé peut néanmoins vous aider. Après un entretien important, terminez par : « OK, d'accord, je vous mets tout ça dans un petit mail pour confirmer que j'ai bien compris. »

« Bonjour M. A,
Suite à notre discussion ce jour, j'ai compris que je pourrai repartir sans frais avec ma clientèle (à savoir les clients X, Y et Z), si vous ou moi décidions de ne plus collaborer ensemble à l'avenir.
En restant à votre disposition »

Fort de cette expérience, Victor a néanmoins su rebondir et nous avons déjà évoqué sa deuxième association réussie p. 54.

Anticipez avec le pacte d'associés

Le pacte d'associés, qu'est-ce que c'est ?
Initialement créé par les banques pour déterminer leurs conditions de sortie, c'est un contrat dans lequel les associés inscrivent leurs règles de vie commune. Ce contrat est généralement déposé chez un notaire ou un avocat. L'avantage par rapport aux statuts ? Son contenu reste confidentiel. Les pactes d'actionnaires des fonds d'investissement font rapidement cinquante pages de jargon juridique. Dans le cadre d'une relation entre associés, focalisez-vous sur les points essentiels, notamment les principes de rémunération des associés, de versement de dividendes, de valorisation des parts, de clauses de sortie, etc.

Son but ?
Gérer les désaccords. « Faire un pacte d'associés ? On n'a pas le temps. De toute façon, ça ne sert à rien. Si on doit s'engueuler, ce n'est pas ça qui changera quelque chose », s'est vu répondre Laurent par ses associés peu scrupuleux p. 50. C'est faux. Un pacte d'associés permet justement de gérer les conflits en amont, de cadrer les choses quand on arrive encore à se parler. Le jour où on ne s'entend plus bien, cela permet justement de gérer les désaccords. « C'est plus facile de clarifier les choses au début de la vie d'une entreprise, quand les choses sont encore un peu virtuelles : il n'y a pas d'enjeux, pas de gâteau à se partager, la probabilité de succès est faible, note Adrien, 48 ans. Après, c'est différent : il y a plus d'argent dans la caisse, les questions de « qui fait quoi » et d'ego ressortent. C'est plus compliqué d'en parler. »

Favoriser une dissymétrie dans la répartition du capital. Alors qu'au début, vous vous disiez : « Pourquoi l'un ou l'autre aurait plus de 50 % ? », avec un pacte d'associés vous pouvez changer votre fusil d'épaule : « Hum, s'il se coltine toute la paperasse et que je peux récupérer mes billes quand je veux, c'est sympa 49 %. »

Faciliter la sortie. Une clause de sortie constitue la réponse à une grande part des pièges de l'association que nous évoquons dans ce livre. Pourquoi ? Parce que dans une relation, celui qui a le pouvoir est celui qui est prêt à la stopper. Si le gros temps menace, avec une clause de sortie, vous n'êtes plus obligé de subir. De plus, avoir une clause de sortie, et ne pas s'en servir, c'est faire tous les jours de manière positive le choix du vivre ensemble.

Voici les clauses les plus courantes :

- **Clause de rachat automatique :** le jour où un associé s'arrête.
- **Clause de désaccord manifeste :** associé à 50-50 ? Insérez une clause qui, le jour où vous serez en désaccord, permettra à l'un d'entre vous de fixer le prix de la société. Par exemple, le jour où vous vous fâcherez, vous valorisez l'entreprise à 100 000 €. Votre associé aura alors deux mois pour choisir entre vous vendre ses parts à 50 000 €, ou acheter les vôtres à 50 000 €.
- **Clause à horizon dix ans :** avec vos 49 % des parts, peut-être voudrez-vous acheter votre maison, là où votre associé, qui aura hérité par ailleurs, ne rêvera que de développer l'entreprise ? Ajoutez au démarrage des options d'achat/vente à date prédéterminée…
- **Clause de sortie conjointe :** vous avez démarré ensemble, vous sortirez ensemble. Deux options :
  - **le *tag along* :** si la majorité sort ou si le contrôle de la société change de mains, alors vous avez le droit de sortir aussi aux mêmes conditions.
  - **le *drag along* :** si la majorité sort, vous êtes obligé de suivre et de vendre vos parts.
- **Clauses de préemption et d'agrément :** si un associé veut vendre ses parts ou décède, les autres associés sont prioritaires.
- ***Good leaver* ou *bad leaver* ?** Dans les contrats avec les sociétés de capital-risque ou capital-développement, les conditions de prix peuvent varier selon que le départ s'effectue de façon amiable (*good leaver*) ou résulte d'un fait portant atteinte à la société (*bad leaver*).

Avec l'accompagnement d'un avocat, essayez de rendre les clauses de sortie exécutoires. C'est-à-dire, des clauses qui n'ont pas besoin d'un recours au tribunal de commerce pour que la sortie soit effective. Attention, vu les subtilités du droit sur ces sujets, il est impossible que vous trouviez sans avocat la formulation juridique appropriée à votre cas.

Pour aller plus loin, et bénéficier d'un modèle complet de document pouvant servir de base à votre pacte d'associés, téléchargez *Le Guide de la Lettre d'Intention* de l'Association Française des Investisseurs en Capital (www.afic.asso.fr).

Une clause de sortie est-elle forcément nécessaire ?

Sur cette question, j'ai pour ma part une opinion assez tranchée : oui ! Mais la question fait débat entre dirigeants, car qui dit clause de sortie forcée dit possibilité d'être sorti contre son gré.

Pour trouver votre propre réponse, je vous invite à étudier les deux organisations d'entreprises suivantes. De laquelle êtes-vous le plus proche ?

- **Le mode homme-orchestre.** Votre entreprise a un faible taux d'encadrement ? Le responsable de la production, c'est vous ; le responsable commercial, c'est vous ; le RH, c'est vous ; et ainsi de suite ? S'associer dans cette situation, c'est bénéficier de quelqu'un à vos côtés à la fois complètement impliqué et pleinement responsable. C'est le meilleur moyen pour partager le travail sans perdre en efficacité. Si tous les associés arrêtent de travailler, il faudra recruter tous les postes équivalents ainsi qu'un directeur. Pour votre TPE, c'est la ruine assurée.

  Dans une société de ce type, vous êtes en dessous du seuil où le travail fourni par les associés est remplaçable par du capital :

  - C'est votre capacité à tenir la charge, à garder les doigts dans la prise, qui crée progressivement la valeur de l'entreprise.

- Si votre associé part, c'est à vous de tenir la barque, sous peine de perdre à la fois votre travail et votre capital.
- Vous pourrez toujours vendre et racheter une autre entreprise seul, me direz-vous... ? Mais les entreprises, ça ne s'achète pas au supermarché. Un entrepreneur « personne physique » met, en moyenne, dix-huit mois à temps plein pour trouver une entreprise* à reprendre. Et encore, cette statistique ne parle pas de tous ceux qui se sont découragés en cours de recherche, ni de toutes les surprises qui vous attendent dans les placards des entreprises à reprendre...
- Bref, la petite entreprise, c'est aussi le club des entrepreneurs scotchés à leur propre création. Heureusement, le job a aussi des côtés sympas !

• **Vive la délégation.** Start-up, vous avez fait rentrer des investisseurs à coup de millions d'euros ? Ou bien, entreprise traditionnelle, vous avez structuré votre activité au fil des ans ? Quel que soit le chemin suivi, à présent l'opérationnel pur et dur ne dépend plus de vous. Vous pouvez compter sur une variété de compétences au sein de votre équipe de direction ainsi que sur un management intermédiaire solide pour piloter la production. Bravo ! Vous êtes libre d'investir votre temps et votre talent dans votre entreprise ou ailleurs. Que votre associé sur le départ décide de vendre ou de garder ses parts aura peu d'impact d'un point de vue économique. En partant, il rejoindra le rang des purs investisseurs auxquels vous avez peut-être déjà fait appel dans votre étape de structuration.

Pour ma part, je préconise par défaut l'ajout d'une clause de sortie quel que soit le mode d'organisation cible. Pourquoi ?

• **En mode homme-orchestre ?** Si votre associé cesse de contribuer à l'activité sans vendre ses parts, c'est l'assurance d'un conflit. Et même si tout le monde y met de la bonne volonté,

* Source : association des Cédants et repreneurs d'activité (CRA).

la séparation n'est jamais le moment idéal pour se confronter, pour la première fois, aux questions de valorisation.
Ne pas avoir de clause de sortie par choix, c'est une chose. N'avoir jamais été informé sur le sujet, c'en est une autre. Une vaste majorité de dirigeants de TPE/PME n'ont pas de clauses de sortie (ou de pacte d'associés) simplement parce qu'à la création de leur société, ils ignoraient tout du concept.

- **En mode délégation ?** Une clause de sortie n'est pas indispensable… Mais le risque est grand – notamment si vous démarrez votre première entreprise – de vous projeter dans l'avenir radieux d'une organisation structurée alors que vous attend un futur d'homme-orchestre. Alors pourquoi ne pas anticiper ?

Rien ne vous oblige à opter pour les versions les plus contraignantes, comme la clause de désaccord manifeste dite de « *shotgun* », où celui qui dégaine le plus gros chèque éjecte l'autre en deux mois. Certes, elle résout les différends rapidement, mais peut aussi créer un climat de défiance tout au long de la vie de l'association. Une clause de sortie à dix ans, avec un long délai de prévenance, offre plus de souplesse et constitue l'assurance pour tous que, quels que soient les différends, il y aura une fin conjointement acceptée.

3 La justice, le pouvoir et l'argent

L'entreprise tourne ? Ça décolle ? Vous voilà, d'un côté, avec un gâteau à partager… et de l'autre, avec des écarts entre vos prévisions initiales et les contributions réelles. Il va falloir être juste. Mais qui décide ? Quels sont les leviers de pouvoir ? Quelles pistes peuvent faire consensus ? Autant de discussions à amorcer entre associés pour que chacun y trouve son compte. À condition que personne n'ait tapé dans la caisse…

Sachez qui a le pouvoir dans l'entreprise

La rémunération du travail

> **« Il y a trois choses inutiles dans la vie : des couilles pour un moine ; des seins pour une nonne ; et une participation minoritaire dans une société. »**
> Mon copain Laurent

« Au fait, comment on fait pour se payer ? » La question m'est candidement posée par Vincent au détour d'un café. Il a lancé avec deux associés une entreprise de recrutement, statuts déposés, premiers clients, puis premiers sous sur le compte bancaire... C'est vrai ça, comment fait-on pour se payer?

Qui décide ?

En ce qui concerne la rémunération du travail, mieux vaut avoir la majorité des parts... car c'est la majorité qui décide à 50% plus une voix. Dans la plupart des SARL et SAS, la rémunération du gérant est votée en assemblée générale (AG).

Dans une SARL avec des statuts classiques, en l'absence de pacte d'associés :

- Le gérant majoritaire décidera de sa propre rémunération (indemnité de gérance pour être précis), ainsi que du salaire des minoritaires assimilés salariés. Il a un pouvoir très important, c'est lui le patron.
- Le minoritaire négocie sa rémunération avec le majoritaire, tel un salarié avec son patron.
- Si personne n'a la majorité seul, chaque associé se prononce sur les propositions du gérant, et la majorité des parts tranche.

Dans la SAS, les règles dépendent de ce que vous avez mis dans vos statuts.

Si vous avez un pacte d'associés, vous pouvez y fixer des principes de rémunération, comme par exemple :

- « La rémunération se change à l'unanimité. »
- « La rémunération est la même pour tous les associés. »
- « La rémunération se compose d'une base fixe de 30000 € brut annuelle et de 20% du chiffre d'affaires facturé par l'associé concerné. »

Ces principes peuvent aussi, en théorie, être inscrits dans les statuts. Mais c'est rarement le cas :

- Quand on rédige les statuts, on ne sait pas combien ni quand on va pouvoir se payer.
- Vos statuts seront téléchargeables sur Internet... donc publics.
- Les changements de statuts nécessitent une majorité plus importante que la majorité à 50% + 1 voix.

Le pouvoir de la majorité : jusqu'où ?

Pour encadrer le pouvoir de la majorité, la jurisprudence fait apparaître la notion d'abus de majorité pour les décisions prises dans l'unique dessein de favoriser les membres de la majorité au détriment des autres associés et, en même temps, contraires à l'intérêt social. Le ou les associés ci-dessous ont été condamnés pour abus de majorité :

- Celui-ci accumule les dividendes sans les verser pendant plusieurs années sans pour autant développer la société. (Cass. com. 1er juillet 2003)
- Ceux-là se payent au-dessus du prix du marché tandis que :
  - la société traverse des difficultés financières importantes ;
  - ou ils viennent d'hériter de la société familiale et n'ont pas d'expérience. Quand on n'a pas pris de risque sur sa rémunération au démarrage, il est difficile de justifier un sursalaire par la suite.
- D'autres s'augmentent au détriment d'un autre associé handicapé, prenant prétexte de son inefficacité… tandis qu'existe un pacte d'associés prévoyant une égalité des rémunérations. Ici, le père de l'associé handicapé avait introduit cette clause, en contrepartie de marchés qu'il avait apportés initialement à la société. (CA Pau 24 décembre 1935)

À l'inverse, les actions suivantes ne constituent pas en tant que tel un abus.

- Se payer une très forte rémunération. Lors du jugement d'un patron du BTP au sujet d'indemnités de plusieurs millions d'euros, la justice répond : « Je ne suis pas juge de la gouvernance des entreprises*. » La société ayant connu une forte croissance, c'est à l'AG de décider selon les statuts.
- Se verser des rémunérations disproportionnées par rapport au faible chiffre d'affaires avec dépôt de bilan de la société.

* Source : *Le Monde* du 16 mai 2012.

→

La jurisprudence tient compte du contexte économique (ici explosion de la bulle Internet) et de la formation des associés qui avaient renoncé à des emplois hautement qualifiés et fortement rémunérés pour se consacrer à l'entreprise. (CA Paris 14 septembre 2005)

- Se payer une rémunération supérieure aux bénéfices de plusieurs années si, par précaution, les bénéfices précédents avaient été gardés en réserve. (Cass. com 17 mars 2009)
- Ne pas verser de dividendes pour développer la société. « Le groupe familial Louis Dreyfus, qui n'a jamais distribué de dividendes pendant près de 150 ans, est pingre avec les membres de la famille », nous dit Le Figaro*. Steve Jobs n'a jamais versé de dividendes quand il dirigeait Apple**.

De manière symétrique, un associé minoritaire qui empêche le bon développement de la société par son vote (exemple : refus non motivé du transfert du siège social) commet un abus de minorité.

Pour aller plus loin, consulter *Abus de majorité et de minorité*, aux Éditions Francis Lefebvre, collection Thèmexpress.

* Source : *Le Figaro* du 6 juillet 2009.
** Source : *Le Monde économie* du 24 février 2012.

L'attribution des dividendes

Une fois l'exercice comptable clôturé et les comptes arrêtés, les gains de la société forment les dividendes. L'attribution des dividendes se décide, elle aussi, à la majorité. On vote, et c'est la majorité en parts qui l'emporte. Les associés peuvent décider soit de se verser les dividendes, soit de les réinjecter dans l'entreprise afin de financer ses projets.

0,9 % de la valeur ajoutée : c'est le montant moyen des dividendes versés dans les PME de l'Hexagone révèle le rapport Cotis de l'Insee. On voit toutefois émerger de grosses disparités. Notamment, 84 % des PME ne versent pas de salaires. Le rapport rappelle aussi qu'il « est normal qu'une entreprise industrielle à forte intensité capitalistique distribue moins de salaires qu'une entreprise de services, où l'essentiel de la production repose sur le facteur travail ».

Part des dividendes dans la valeur ajoutée*

		Moyenne	1er quartile	Médiane	3e quartile
PME		0,9 %	0,0 %	0,0 %	0,0 %
pour les seules entreprises versant des dividendes	*16,4 %*	5,5 %	3,0 %	5,3 %	8,0 %
Entreprises de taille intermédiaire		1,5 %	0,0 %	0,0 %	1,5 %
pour les seules entreprises versant des dividendes	*30,6 %*	4,9 %	2,1 %	4,4 %	7,4 %
Grandes entreprises		1,9 %	0,0 %	0,0 %	2,7 %
pour les seules entreprises versant des dividendes	*41,0 %*	4,7 %	2,0 %	4,1 %	7,2 %

** L'information n'est pas disponible pour les entreprises déclarant au titre du régime simplifié (RSI).*
Champ et source : SNF, fichiers BRN, Insee, 2006.
Lecture : en moyenne, la part des dividendes versés par les PME s'élève à 0,9 % de leur valeur ajoutée. Ce montant très faible s'explique par le fait qu'une petite minorité des PME (16,4 %), ont versé des dividendes. Si on se restreint à ces entreprises, les dividendes versés représentent en moyenne 5,5 % de la valeur ajoutée des entreprises. Pour un quart des PME qui ont versé des dividendes (1er quartile), cette part était inférieure à 3 %, pour la moitié (médiane), inférieure à 5,3 %, et pour un quart (3e quartile), supérieure à 8 %.

Le match « Salaire-Dividendes » pour les associés égalitaires

Vaut-il mieux fiscalement se verser un salaire ou du dividende ? Mieux vaut faire le bon choix : sur le revenu marginal net, l'écart peut être supérieur à 10 %. D'un côté, vous payez des cotisations sociales, de l'autre de l'impôt sur les sociétés. Dans les deux cas, de l'impôt sur le revenu, mais avec des abattements fiscaux différents. Quelques principes généraux :

- Ne déclarez pas un salaire supérieur à ce que l'entreprise peut vous payer réellement : sinon vous allez avoir à payer des charges sociales et des impôts, tandis que la société n'aura pas les fonds disponibles. Votre rémunération apparaîtra en compte-courant d'associés, sous la forme d'un prêt que vous aurez fait à l'entreprise.
- Prévoyez un matelas de dividendes mis en réserve pour les coups durs. Cela vous évitera de réinjecter de l'argent personnel qui aura payé tous les impôts et charges sociales.
- Tant que vous êtes dans les tranches basses d'imposition sur le revenu, privilégiez le salaire.
- Quand votre tranche marginale d'imposition sur le revenu correspond à un taux de 30 % (pour les TNS, un peu moins pour les salariés), limitez votre salaire pour privilégier les dividendes : de 0 à environ 40 000 €, vous bénéficiez d'un impôt sur les sociétés réduit, à hauteur de 15 % seulement (au lieu de 33 % à taux plein) qui rend l'opération avantageuse.
- Au-delà, vous êtes bon pour une consultation avec un fiscaliste. L'arbitrage dépend de votre statut social (TNS ou salarié) et de l'évolution des différents ratios fiscaux, dont le taux de prélèvement libératoire à la source, sans parler des niches fiscales (retraites Madelin et autres…). De manière

→

générale, les TNS, moins taxés socialement, auront tendance à davantage privilégier l'indemnité de gérance là où pour les salariés, le versement de dividendes prendra plus facilement le dessus.

- Vous n'avez pas besoin d'argent à titre personnel pour l'instant ? Vous pouvez le laisser dans l'entreprise et payer uniquement l'impôt sur les sociétés à 33 %. Cela va permettre de valoriser l'entreprise… mais attention, car l'impôt sur les plus-values que vous paierez à la revente est remanié à chaque changement de gouvernement.

Votre présence dans l'entreprise

Autre levier de pouvoir : qui décide de votre présence dans l'entreprise ?

- Si vous êtes salarié, l'associé ayant le pouvoir de gérance peut vous licencier. Cela devra être justifié comme pour n'importe quel autre salarié.
- Même cas de figure si vous êtes à 50-50 et que votre autre associé est gérant et vous non.
- Si vous êtes gérant minoritaire, vous pouvez être révoqué de votre statut de gérant par la majorité réunie en assemblée générale.
- Si vous êtes associé majoritaire, personne ne peut vous déloger sans votre accord.

À noter : l'associé minoritaire salarié bénéficie de la protection juridique des salariés, ce qui peut être un atout en cas de conflit. Il peut faire appel au tribunal des prud'hommes, une juridiction souvent favorable aux salariés.

À vous de bien intégrer ces notions, pour ne pas vous retrouver dans le cas de Jérôme.

Il l'a vécu

« Fin 2007, mes deux associés, sont de plus en plus ligués contre moi. En décembre, ils décident de faire une AG extraordinaire. Mon associé a convoqué un huissier. C'est une parodie d'AG. Le fondateur me dit qu'il ne veut plus travailler avec moi. Je suis révoqué de mon statut de gérant, j'ai 15 jours pour faire mes valises. Je suis donc répudié. Du jour au lendemain, je suis mis dehors de ma propre société. Un sacré coup sur la tête. J'avais quand même énormément bossé pour faire de cette boîte ce qu'elle était devenue. »

L'assemblée générale arrive... qu'est-ce qu'on fait maintenant ?

Quand ?

À chaque clôture des comptes, vous devez convoquer une assemblée générale, ou AG. C'est obligatoire. On peut aussi convoquer une assemblée générale quand on le souhaite, au cours de l'exercice, pour modifier un point du mode de gouvernance de l'entreprise ou des statuts : changement du salaire des associés, etc.

Son rôle ?

Point formel, elle constitue un moment TRÈS important de l'association. Lors de l'AG de clôture, le gérant présente le bilan comptable. Sont votées à la majorité les rémunérations et les distributions de dividendes.

Ce qu'il faut faire ?

- En amont, vous envoyez une convocation à vos associés, comme indiqué dans les statuts.

→

- Exigez d'avoir les comptes une fois par an. Ils doivent être mis à disposition de tous avant l'AG.
- Après l'AG, tous les associés signent un compte rendu – dit procès-verbal (PV). Ce faisant, chacun valide ce qui a été décidé.
- Le PV est envoyé au greffe du tribunal de commerce.

Les changements de statuts

Changer les statuts dans une SARL implique une AG avec un vote à la majorité des ⅔ (majorité des ¾ pour les SARL créées avant 2005).

Disposer d'une minorité de plus de 33 %, c'est avoir une minorité dite de blocage. Cela permet notamment d'éviter des augmentations importantes de capital que vous ne pourriez pas forcément suivre financièrement. Ce seuil ne permet pas, en revanche, de bloquer les décisions précédentes (rémunération, dividendes, etc.) qui relèvent d'une majorité dite « simple » de 50 % plus une voix.

Une fois les changements de statuts adoptés en assemblée générale, ceux-ci doivent être publiés au greffe du tribunal de commerce.

Détectez les autres formes de pouvoir

Pour déterminer qui détient le pouvoir dans la société, il faut dépasser le strict cadre juridique. Au-delà des parts sociales, chaque associé détient un pouvoir à géométrie variable, lié à son impact dans l'organisation et le développement de l'entreprise. Mettons ces éléments en lumière.

La maîtrise technique

Vous pouvez être minoritaire et détenir un grand pouvoir. Imaginons que vous maîtrisiez une compétence technique indispensable au bon fonctionnement de l'entreprise. Certes, le code source des programmes informatiques est à disposition de tous les associés, mais si vous êtes le seul à comprendre l'agencement de milliers de lignes de codes, votre avis pèsera probablement lourd en assemblée générale.

Le réseau

Le pouvoir peut venir d'une relation privilégiée – voire exclusive – avec :

- Le principal fournisseur, que votre associé croise lors de petits déjeuners d'un club professionnel dont vous ne faites pas partie.
- Le client principal, qui pèse 60 % du CA de l'entreprise. Avez-vous conscience que si, demain, votre binôme décide de partir vers une nouvelle aventure, il pourra amputer la société de plus de la moitié du chiffre d'affaires ? Une menace considérable qui s'invitera dans la négociation finale, et que vous allez devoir monnayer…

Ces problématiques se posent également avec des salariés clés, associés ou non. Si vous ne disposez d'aucun outil de suivi de la relation client, et que votre responsable commercial note soigneusement les informations clés dans son petit calepin personnel, vous risquez d'avoir des surprises le jour où celui-ci partira à la concurrence.

Les alliances entre associés

Si aucun associé n'a la majorité à lui tout seul, vous devrez vous mettre à plusieurs pour obtenir la majorité décisionnelle.

Sous un angle positif, cela peut se traduire par des débats argumentés, davantage d'échanges et des choix meilleurs, car plus réfléchis. Attention toutefois à la réunionite aiguë pour la moindre décision à prendre.

Mais cela peut aussi basculer sur des questions de personnes, et commence alors le jeu des alliances et des courtisans. « Nous avons démarré notre association à cinq. L'équilibre entre nous est devenu plus compliqué à trouver quand deux des associés se sont mariés », se souvient Maryse, 44 ans.

Le lien d'ascendance

On s'associe pour bénéficier de l'expérience de l'autre. Du coup, de nombreuses associations sont formées d'un jeune qui débute et d'un entrepreneur plus âgé qui aura un rôle de mentor.

Vous vous associez avec votre professeur ? Votre sœur aînée ? Votre père ? Cette entreprise commune est aussi un prétexte pour rencontrer l'autre différemment.

Seulement… attention. L'association avec un mentor est particulièrement périlleuse. Au démarrage, la confiance prédomine. Les écrits sont rares et les conseils externes indépendants absents : c'est précisément l'apanage du plus expérimenté. Mais le mentor va-t-il exercer son pouvoir avec sagesse ? Ou bien va-t-il essayer d'en tirer un profit indu ?

Il l'a vécu

Travailler avec son père, cela a été le choix d'Éric suite à une première expérience professionnelle.

Type de société	SA
Secteur d'activité	Distribution de pièces détachées industrielles
Nombre d'associés	3 (Éric 10 %, le père 80 %, le frère 10 %)
Pacte d'associés	Non

« À 28 ans, alors que je travaille dans une entreprise de gestion de syndic de copropriétés, mon père me fait une proposition. Il gère une

→

société de distribution de pièces détachées industrielles qu'il a fondée vingt-cinq ans plus tôt. "J'ai 58 ans, j'ai envie de prendre du recul, rejoins-moi, me dit-il. Le directeur général te coachera jusqu'à sa retraite, et toi tu reprendras." J'ai déjà fait quelques stages dans la société. Je démarre en tant que DAF (Directeur administratif et financier). Mon père, via une donation, me donne 10% des parts, ainsi qu'à mon frère ; il garde les 80% restants.

L'objectif est de rebooster la société. Elle dispose notamment de trois agences qui achètent des pièces détachées sans concertation. Je monte une centrale d'achat, je structure les process de qualité... Rapidement, je prends la place du directeur général, qui vient de quitter l'entreprise. C'est là que mon père, qui avait été éloigné de la gestion opérationnelle pendant quatre ans, décide de revenir. La collaboration avec lui se passe mal : par exemple, lorsque je lance des actions avec les fournisseurs, il repasse derrière moi et dit à l'équipe : "Ah non, pas ces produits !"

En 2000, un premier clash a lieu. Suite à une réorganisation, l'entité dont je m'occupe voit son périmètre d'activité réduit : elle est amputée de 20% de son chiffre d'affaires et de 60% de sa marge. Mon père garde l'intégralité de sa rémunération, soit 100000 € par an. Quant à moi, je touche une rémunération brute de 25000 € par an... soit bien moins que n'était rémunéré l'ancien DG. Je ne manque de rien, mais bon... quand je participe à des colloques de directeurs commerciaux et qu'on me propose une sortie le soir, je dois décliner, car je n'ai pas les moyens.

En 2003, à la clôture des comptes, je découvre que le responsable export trafique des factures par le biais d'une faille informatique. Je vais voir mon père pour qu'il le licencie. Il refuse. "Il faut lui laisser une seconde chance. Qui va s'occuper de l'export si ce n'est pas lui ?"

À cette période, je remets à plat les commissionnements des vendeurs. Je décide d'aborder le sujet de ma rémunération – ce sera la seule fois – et propose à mon père d'être commissionné moi aussi. Sa réponse est sans appel : "La marge peut être manipulée, pas question de mettre un variable." Il renouvelle sa confiance au responsable export qui l'a escroqué, alors qu'il refuse de me la donner.

→

Sans m'informer au préalable, il retire du jour au lendemain 200 000 € de son compte-courant d'associé. Certes, c'est son argent, mais ce faisant, il retire énormément de trésorerie à la société. Et, bien sûr, il ne m'en informe pas, alors que je suis en pleine négociation avec les banquiers, car nous sortons d'une mauvaise année de résultats.
Je garde donc ma rémunération brute de 25 000 € par an jusqu'à fin 2004, date à laquelle mon père décide de vendre l'entreprise. »

Commentaires

N'acceptez pas l'inacceptable. Même en famille, exigez d'être payé normalement dès que l'entreprise en a les moyens.

- Sous prétexte qu'il vous forme, le paternel vous sous-paye ? Allez vous former à la concurrence. Revenez quand vous obtiendrez des propositions claires et formelles.
- Si cela va de soi que vous aurez les rênes dans deux ans, pourquoi est-ce si difficile pour lui de l'écrire aujourd'hui ? Non, non, vous ne le poussez pas dans la tombe… c'est lui qui vient juste de vous l'indiquer : « Je te passe la main d'ici deux ans, fiston, c'est promis. »
- Plus facile de taquiner le paternel quand il cherche à vous convaincre de le rejoindre, qu'après avoir tout quitté pour vous installer dans la pampa avec femme et enfants.

Le pouvoir dans la relation

Celui qui a le pouvoir dans une relation, c'est celui qui est prêt à stopper la relation. Vu sous cet angle, l'introduction de clauses de sortie, présentée p. 104, est un excellent moyen de rééquilibrer les relations entre associés. Si la situation se tend, cette possibilité de couper les ponts avec votre associé sera sans doute un bon moyen de préserver votre vitalité.

S'associer en couple

« Est-ce une bonne idée de s'associer en couple ? Sur quels points faut-il être vigilant ? » La question est délicate. L'essentiel des problématiques décrites dans ce livre ne s'appliquent pas dans une association de couple : votre associé disparaît chercher ses enfants à 4 heures alors qu'il reste du travail ? D'exaspéré dans un cas, vous serez bien plus compréhensif si l'associé en question est votre conjoint ou conjointe. En couple, que votre associé(e) donne de l'énergie et du temps à titre professionnel ou personnel, vous en êtes bénéficiaire dans les deux cas. Idem pour les questions de rémunération : vous achèterez la même maison pour vos enfants.

Est-ce pour autant une bonne idée de s'associer en couple ? Du côté des atouts, vous bénéficiez bien évidemment de la complémentarité des compétences, d'une confiance plus grande. Vous pourrez aller beaucoup plus vite, beaucoup plus loin. La vraie question est de savoir si c'est bon pour votre couple. Le projet commun va-t-il renforcer vos liens ou, à l'inverse, le fait d'être tout le temps ensemble va-t-il finir par étouffer l'un d'entre vous ?

En cas de séparation, l'entreprise sera un des éléments de plus à dénouer, mais pas forcément le plus compliqué par rapport à la question des enfants.

Lorsque l'on s'associe en couple, la relation d'association reste finalement secondaire. La relation qui prédomine est d'abord votre relation de couple. C'est elle qui doit être au cœur de vos échanges.

S'associer en famille

S'associer en famille, c'est l'inverse de s'associer en couple : les problématiques d'association y sont démultipliées, car tout est compté. Et, bien souvent, rien n'est formalisé. Les jeux de pouvoir y sont plus diffus et plus insidieux. En cas de conflit, c'est l'assurance du grand mélange à l'identique des querelles d'héritage. Cela ne veut pas dire qu'il ne faut pas s'associer en famille pour autant. Simplement, l'enjeu étant plus élevé, il faut être d'autant plus exigeant sur la qualité de la relation d'association et y consacrer encore plus de temps et d'attention que pour un associé extérieur. Si vous arrivez dans une entreprise familiale créée par les générations au-dessus, vous devrez apprendre à marcher sur des œufs.

Matthieu témoigne : « Je suis associé avec ma tante et un de mes cousins. J'aime bien mon travail, mais la relation familiale dans l'entreprise, c'est l'horreur, il faut faire attention à tout ce qu'on dit, tout ce qu'on fait, sinon ça revient par ricochet. Les gens que je rencontre me disent tous : "C'est super, ça, tu travailles en famille. Tu as vraiment de la chance." Au début, j'essayais de leur expliquer, mais ils ne comprenaient pas. Ils ne peuvent pas comprendre. Maintenant, quand on me dit ça, je réponds : "Oui, oui, c'est très bien." »

Cherchez ensemble les rééquilibrages

« "Quand on aime on ne compte pas." Ma réflexion m'a conduit aux antipodes. Quand on aime tout compte. Quelque chose compte en nous, souvent à notre insu. »
Nicole Prieur,
Petits règlements de comptes en famille

Une fois l'entreprise lancée, la réalité n'est jamais conforme aux prévisions. Il y a ce que vous aviez prévu initialement et mis dans les statuts ou dans un pacte d'associés ; et il y a ce qui s'est réellement produit. Au bout de plusieurs mois ou années, la probabilité que vous soyez effectivement à 50-50 ou à 33-66 en termes de contribution est nulle : il y aura forcément un décalage.

Vient alors la phase délicate de réajustement. Indispensable, elle permettra de maintenir vivante votre relation, condition *sine qua non* de la pérennité de votre association.

Comment y parvenir de façon consensuelle ? C'est à vous de trouver la réponse à votre problématique tout en restant fidèle à votre histoire. Voici néanmoins quelques pistes pour ouvrir le débat ensemble.

Piste 1 : Faites varier les rémunérations

Faire varier les salaires pour compenser les différences d'implication est un des premiers leviers à utiliser. Le principe ? Chacun récolte les fruits de son labeur, de son impact tangible sur le chiffre d'affaires ou sur le résultat de l'entreprise.

	Les pour	Les contre
Faire varier les rémunérations ?	Il faut de l'équité.	On était partis sur un principe d'égalité.
Un fixe plus important pour ceux qui travaillent plus ?	C'est légitime.	C'est sympa pour Jacques, qui est en pleine dépression.
Un variable proportionnel au chiffre d'affaires ?	Je génère deux fois plus de chiffre d'affaires que chacun d'entre vous.	Ça va cloisonner la clientèle alors qu'on s'est mis ensemble pour fournir à nos clients le service le plus complet possible.

Ils l'ont fait

C'est ce qu'ont connu ces quatre avocats, associés au sein d'un cabinet. En réintroduisant une part de rémunération proportionnelle à la contribution de chacun, ils ont bâti entre eux un nouvel équilibre… et évité la rupture de leur association.

Type de société	SA
Secteur d'activité	Cabinet d'avocats
Nombre d'associés	4 (à 25 % chacun)
Pacte d'associés	Non

« J'ai 41 ans. Depuis 2001, je suis associé avec trois autres personnes du même âge. Nous sommes avocats en droit des affaires. Pour chacun de nous, il s'agit de notre seule et unique expérience d'association.
Dès l'école d'avocats, je projette de m'installer avec un ami. Quelques années plus tard, celui-ci me parle de deux confrères qu'il connaît depuis la faculté : on se rencontre tous les quatre, le courant passe. À l'époque, chacun de nous a déjà une clientèle en phase de développement trop importante pour rester collaborateur au sein d'un cabinet. On se revoit deux ou trois fois, pour définir le socle de notre projet commun. Le cabinet s'organise en deux pôles : le contentieux et le conseil. Chaque entité

→

est confiée à deux associés. La répartition se fait naturellement, selon les goûts, les compétences et les activités de chacun. Nous pensons que l'on pourra, ainsi, mieux s'adapter à la conjoncture économique : le conseil se développe surtout en période de prospérité, tandis que le contentieux reste stable quelle que soit la situation économique.

Au départ, nous partageons la même envie : plutôt que de générer du cash, nous voulons surtout faire grandir l'entreprise. Pendant plusieurs années, quel que soit le chiffre d'affaires généré, nous partageons le bénéfice à égalité (25 % chacun). Ce système est très bénéfique : il facilite la fluidité de la clientèle d'un pôle à l'autre. La société, en parallèle, se développe bien. Nous avons désormais près de dix collaborateurs.

Après six ou sept ans, la situation évolue : les deux pôles n'ont plus la même taille, ni en termes de chiffre d'affaires, ni en nombre de collaborateurs. Alors qu'au départ, le conseil avait plus de poids, le contentieux a finalement pris le dessus. Par ailleurs, à cette époque, des disparités dans les modes de vie et le temps de travail commencent à s'accroître. Et bien qu'aucun de nous ne soit obnubilé par l'argent, ces écarts deviennent des sources récurrentes de dissension et d'exaspération.

On décide alors de se réunir pour une réunion de crise. En entrant dans la salle, nous ne savons pas si nous serons encore associés en sortant… Autour de la table, on réussit à se parler franchement, à écouter ce que chacun a à dire. On se rend compte, finalement, que nos points de vue ne sont pas si éloignés que cela. Nous choisissons de modifier la répartition du bénéfice. Désormais, nous avons un socle commun, fixe, réparti de façon égalitaire (25 %) et une partie variable, répartie selon le chiffre d'affaires généré par chacun. Cette partie variable n'est pas négligeable, sans être prépondérante dans la répartition. Elle permet de maintenir vivante notre association, car chacun peut rester libre de choisir son mode de vie.

Globalement, cette modification du bénéfice a redynamisé le cabinet. Le fait de ne plus être intéressés strictement à égalité constitue pour certains un réel moteur. Mais cela aurait été sans doute prématuré de la mettre en place plus tôt : je crois que cela aurait pu freiner notre cohésion et l'essor de notre projet commun. Seul bémol ? Ce système a quelque peu cloisonné la clientèle : si, auparavant, on confiait aisément nos dossiers aux uns et aux autres, désormais, chacun a plutôt tendance à les garder pour soi. Mais pour les dossiers complexes, qui sortent de notre champ

→

de compétences, on continue tout de même à les donner à celui qui est le plus qualifié. »

Commentaires

- **Passer par la crise pour mieux rebondir.** Ces associés osent remettre en cause leur répartition initiale, bousculer un système préétabli qui aurait pu rester figé s'ils n'avaient pas dialogué. C'est en s'adaptant à cette donne nouvelle que leur relation renaît.
- **Négociation facilitée.** Ici, on est dans une association de professions libérales, d'où le : « On ne savait pas en entrant si on serait encore associés en sortant. » La scission est possible à tout instant : en cas de désaccord, ils peuvent repartir chacun de leur côté avec leurs clients, continuer à facturer… Ils ne sont pas prisonniers les uns des autres. Paradoxalement, cela facilite la négociation.

Plus difficile dans les associations de résultat

Dans les associations de résultat, comme la fabrication d'un produit dans une usine, ce levier est plus complexe à instaurer. Pour deux raisons :

- **L'impact de chaque associé est difficilement quantifiable.** Comment mesurer la contribution de celui qui travaille sur une fonction support, comme les approvisionnements ou la R&D, éloignés de l'impartial indicateur du chiffre d'affaires ?
- Puisque vous ne pouvez pas vous séparer unilatéralement, **votre pouvoir de négociation sera plus faible**. Couper une usine en deux semble délicat… Adolf et Rudolf Dassler y sont arrivés en 1948 suite à leur brouille, l'un fondant Adidas, l'autre Puma dans la même petite ville de Bavière. Mais les cas de scissions réussies restent rares…

Piste 2 : Soyez créatifs

Changez de casquette. Vous vous sentez submergé par la maintenance technique et vous avez l'impression que votre associé, qui gère l'administratif, se la coule douce? Échangez les rôles. L'intérêt? Rien de tel pour prendre la mesure effective de ce que votre associé réalise au quotidien et corriger les décalages de perception. À réserver aux domaines de l'entreprise qui ne nécessitent pas un apprentissage conséquent.

Compensez autrement. Certaines alternatives coûtent peu, mais peuvent être d'un grand intérêt aux yeux de votre associé.

- Vous pouvez, par exemple, le faire bénéficier de votre réseau, pour le faire entrer à la CCI ou à la CGPME, qu'il désire intégrer depuis longtemps.
- Ou bien faire financer par la société les cours de japonais dont il rêve depuis des lustres pour développer l'activité en Asie…
- Il y a autant d'options possibles que de personnes : soyez à l'écoute!

Valorisez vos points forts. Plutôt que d'être tous les deux moyens partout, renforcez chacun vos atouts. « Nos caractères sont très différents, mais ils sont compatibles et se complètent même assez bien. Mon associé a pris en charge les relations publiques naturellement, et très bien… alors que je ne saurais pas le faire, et que je n'en ai pas du tout envie », témoigne Wissam. Dès lors que chacun a acquis des compétences clés, restez sur vos domaines d'aisance.

Les notes de frais

Quel est l'intérêt ?

Vous avez envie de vous payer le dernier téléphone à la mode ? Deux options sont possibles :

- Soit vous l'achetez avec vos propres deniers : partant de 500 € dans les caisses de l'entreprise, après un passage à la moulinette des charges sociales et de l'impôt sur le revenu, vous toucherez (selon votre taux d'imposition) environ 220 €. Vous pourrez acheter un téléphone à 220 € TTC soit 180 € HT.
- Soit vous le faites passer en frais. Vous demandez au vendeur une facture pour votre comptabilité et vous pouvez acheter un téléphone à 500 € HT payés directement par votre entreprise.

500 € de pouvoir d'achat via un passage en frais, 180 € dans l'autre cas, pour un même coût entreprise. Que préférez-vous ? Du coup, pas étonnant que les dirigeants passent le maximum en frais (le taxi, le restaurant avec un nouveau prospect, la tablette électronique pour les présentations clients, etc.).

Veillez cependant à ce que l'achat soit en lien avec l'activité de la société, sinon c'est de l'abus de biens sociaux. Pour un dirigeant d'entreprise dont la vie professionnelle et la vie personnelle sont intimement liées, il n'est néanmoins pas interdit de joindre l'utile à l'agréable ; ce gain de pouvoir d'achat peut constituer un complément de revenu significatif et motivant.

Entre associés ?

Sauf que voilà, vos associés trouvent que les téléphones portables achetés l'année dernière marchent toujours très bien. *« Ce n'est pas à la boîte de payer ça… »*

→

À plusieurs, il faudra se mettre d'accord. Il n'y a alors pas de règle. Certains veulent le même matériel de bureau pour tout le monde histoire de faire simple, d'autres préfèrent plus de latitude.

Et quand Yvan veut surtout un bon salaire pour payer la crèche de son petit dernier, alors que Bruno souhaite une voiture de fonction dernier cri pour aller en clientèle, nos deux associés, qui s'entendent pourtant bien, vont se retrouver à compter combien d'années en crèche représente une voiture de fonction. Et là, c'est le début des problèmes…

Piste 3 : Créez une holding personnelle

La holding personnelle connaît un succès croissant. Après quelques années avec votre associé, cela peut être un sujet positif pour amorcer un échange sur votre association : *« Et si on se montait chacun en holding ? »*

- **Le principe ?** Au lieu d'être directement associé dans une entreprise avec des parts libellées à votre nom (associé dit « personne physique »), vous créez une autre entreprise. Celle-ci vous appartient à 100 % ; c'est elle qui détient des parts dans la société historique (associé dit « personne morale »).
- **Les détails ?** Cette entreprise que vous détenez à 100 % est dite *holding* (terme anglais pour « porter »), car c'est elle qui « porte » vos parts à votre place. C'est simplement une SARL ou une SAS classique, mais dont l'objet social est de porter vos participations et de facturer vos prestations de gestion.
- **Son fonctionnement au quotidien ?** Alice et Bob, au lieu de se payer directement dans leur entreprise, vont considérer qu'une partie de leurs prestations est fournie par leur holding respective. Chacune va envoyer une facture pour frais

de management (*management fees*) et chacun, au sein de sa holding, va décider de ce qu'il fait de ces sommes.

- **L'intérêt?** Chacun chez soi pour les questions d'arbitrage, notes de frais, salaire, dividendes versés ou mis en réserve, etc. Cela dépollue la relation, pour tous ces sujets où se mélangent le professionnel et le personnel.
- **Le tempo?** Vous pouvez la créer dès le départ si vous êtes sûr de la pérennité de votre activité (notamment pour les associations de clientèle). Sinon, attendez de gagner correctement votre vie avant de créer une holding en apportant vos parts : vous éviterez ainsi un surcoût juridique (à la création) et comptable (par la suite).
- **Le bilan fiscal?** Le système de holding est neutre pour les impôts, les gains étant dans une société plutôt qu'une autre, donc pas de problème de ce côté-là tant que les montants facturés pour frais de management sont en rapport avec le travail des associés.
- **La limite?** Mieux vaut être tous à la même enseigne : les associés personnes morales souhaiteront, vu l'absence de surcoût fiscal, verser des dividendes à leur holding pour les sécuriser et en avoir le plein contrôle. À l'inverse, les personnes physiques préféreront les laisser dans la société fille, vu qu'ils sont fortement imposés (impôt sur le revenu, CSG…) en cas de versement de dividendes. Si par malheur il faut réinvestir l'année après la remontée des dividendes… la personne physique va y laisser des plumes.

Piste 4 : Prenez simplement le temps de parler

Combien de temps accordez-vous au dialogue avec votre associé ? Souvent, les désaccords peuvent se transformer en accords, simplement en discutant et en donnant du temps au temps. C'est ce que raconte Daniel, l'associé de Loïc dont nous avons vu le témoignage p. 41.

Ils le font

Type de société	SARL (au capital de 12 500 €)
Secteur d'activité	Éditeur de logiciels
Nombre d'associés	2
Pacte d'associés	Non

« Depuis 10 années que je suis associé avec Loïc, le mode sur lequel nous prenons nos décisions reste un mystère. J'ai constaté, étonné, qu'on avait évolué, à peu près en même temps, sur bon nombre d'idées… qu'il s'agisse du plan opérationnel ou d'orientations stratégiques pour l'entreprise.

En y réfléchissant, je me dis que cela ressemble aux applaudissements au théâtre à la fin d'un spectacle. Avez-vous déjà remarqué ce qu'il se passe ? Au départ, c'est le bazar, tout le monde applaudit n'importe quand et comment… puis on s'aperçoit que les applaudissements sont devenus synchrones. À quel moment précisément se sont-ils coordonnés ? Comment ? Impossible à dire… Personne ne l'a décidé, n'a dit aux autres : "Stop, c'est moi qui donne le rythme maintenant, suivez ma cadence."

Entre mon associé et moi, j'ai l'impression que c'est pareil : il y a comme un système de résonance. L'un de nous deux a une idée, il la soumet à l'autre, qui ne sera pas d'accord au démarrage. Ça génère immanquablement des frictions, on discute beaucoup, on contre-argumente, on s'influence mutuellement et c'est ainsi que se crée une nouvelle perception des choses… Ce n'est pas le deuxième qui s'accroche au premier, au contraire : on se cale sur un nouvel état stable, à mi-chemin entre lui et moi, on trouve un nouveau point d'équilibre. C'est comme un système d'ondes électromagnétiques, où les deux courbes sont décalées au départ, puis se rejoignent. »

Piste 5 : Acceptez les désaccords

Plus facile de dire « oui » que de dire « non ». En effet, la posture du désaccord est plus difficile à tenir, demande plus d'efforts et d'argumentation, que celle du « béni oui oui ». Et c'est justement parce que c'est plus complexe qu'il vous faudra du courage pour affronter ce genre de situation.

« Le jour où j'ai commencé à exister. Je m'en souviens parfaitement : j'avais un peu plus de 35 ans et je balbutiais mes premières tentatives d'affirmation en osant dire non. »
Jacques Salomé,
Vivre avec soi

De la fidélité à l'autre à la fidélité à soi. Beaucoup d'associés sont bloqués dans une fidélité qu'ils ont un jour donnée à l'autre. Mais la première personne à laquelle vous vous devez d'être fidèle, c'est vous-même. S'associer avec l'autre, c'est faire le pari qu'il vous aidera à avancer et à grandir, au quotidien, tout comme vous souhaitez l'aider. Le chemin parcouru ensemble peut avoir été un chemin plein de succès et, en même temps, donnez-vous le droit et donnez à vos associés le droit d'avoir de nouvelles aspirations.

Exercez les droits qui vous reviennent. Quand le consensus n'est plus possible sur les points essentiels, les différents leviers de pouvoir que nous avons vus précédemment s'exercent. Pour les uns, il s'agira de l'exercice normal du pouvoir convenu. Les autres trouveront peut-être que la démocratie, c'est la dictature de la majorité sur la minorité… Il sera alors temps d'étudier les pistes de sortie, ce que nous ferons un peu plus loin dans ce livre.

Surveillez les risques de dérive

> **« Le commerçant est souvent obligé de confier sa fortune, non seulement aux vents et aux flots, mais à des éléments plus perfides encore, la folie et l'injustice des hommes. »**
> Adam Smith,
> *De la richesse des nations*

Appelons un chat un chat. Parfois se posera la question de l'honnêteté de votre associé. Vous pouvez tomber sur un filou, mais le danger vient parfois d'un associé irréprochable à la base, confronté ponctuellement à des besoins d'argent élevés dans sa vie personnelle. Pour maintenir son train de vie, il s'autorisera peut-être certains comportements, au détriment de l'entreprise. Du coup, mieux vaut garder un œil sur quelques points clés.

Des notes de frais à l'abus de biens sociaux

Nous avons vu en p. 129 l'intérêt et l'usage des notes de frais entre associés. Mais, parfois, certains dépassent le cadre des dépenses liées à l'activité de l'entreprise et dévient, sans faire de bruit, dans l'abus de biens sociaux.

Qu'est-ce qu'un abus de biens sociaux ?
« *Faire, de mauvaise foi, des biens ou du crédit de la société, un usage que les dirigeants savent contraire à l'intérêt de celle-ci, à des fins personnelles ou pour favoriser une autre société ou entreprise dans laquelle ils sont intéressés directement ou indirectement* », selon le Code pénal (loi du 8 août 1935). Il est condamnable juridiquement et ressort du pénal.

Dans ce domaine, l'imagination de certains est foisonnante : des courses familiales avec la carte bleue de l'entreprise à la piscine offerte par un fournisseur en échange d'un contrat… Ce faisant, l'associé malhonnête pénalise non seulement ses associés, mais il peut aussi mettre en danger la survie de la société.

Où finit la légalité, où commence l'abus? La frontière est parfois ténue.

- Organiser un séminaire de réflexion entre associés au club de golf du coin, c'est joindre l'utile à l'agréable... En revanche, emmener votre femme à Venise pour votre anniversaire de mariage aux frais de l'entreprise est une économie d'impôts autant substantielle qu'illégale...
- En matière d'abus de biens sociaux et d'imbroglio juridique, Pierre Suard, P.-D. G. d'Alcatel, est un exemple célèbre malgré lui. Nous sommes dans les années 1990. Sommé par le ministère de l'Intérieur de prendre des mesures de sécurité importantes suite à l'assassinat devant chez lui du P.-D. G. de Renault, Pierre Suard fait sécuriser son domicile par Alcatel. Cela lui sera reproché et lui vaudra des années de procédure judiciaire, la perte de son poste et une condamnation pour abus de biens sociaux. Difficile à comprendre.

Qui est responsable? Par défaut, le gérant porte la responsabilité juridique. Si votre associé à qui vous avez prêté la carte bleue de l'entreprise en abuse, faute de preuve, vous risquez d'être considéré comme le bénéficiaire.

Quels recours? En cas d'abus de biens sociaux, n'attendez pas trop d'une action en justice, pour deux raisons :

- Si votre associé en est là, sans doute n'est-il pas solvable par ailleurs.
- Votre associé a payé les travaux de peinture de son domicile avec le chéquier entreprise? Quand vous vous en rendrez compte, il sera probablement trop tard pour récupérer des éléments probants pour porter plainte.

IL L'A VÉCU

Comment gérer les dérives en cas d'abus de biens sociaux ? C'est la question que s'est posée Christian, 40 ans.

Type de société	SARL
Parts	Christian (49 %) rejoint l'entreprise de Jean-Luc (51 % - gérant)
Pacte d'associés	Non
Statuts avec clauses de sortie	Oui. Clause de préemption pour les autres associés.

« En 2005, je m'associe avec un de mes anciens partenaires qui a fondé, il y a trois ans, un cabinet de recrutement. J'entre au capital et paye 42 000 € mes 49 %. Le fondateur est charismatique, atypique et talentueux, mais ce n'est ni un travailleur ni un chef d'entreprise. Sa vision est « court-termiste », il n'a même pas de PC. L'entreprise est couverte de dettes, car mal gérée : il n'y a pas de process ni d'organisation. Je décide néanmoins de poursuivre : j'y vois une formation rémunérée de dirigeant et de consultant, par laquelle je vais faire mes armes, voire obtenir un gain financier.

Pendant presque deux ans, on bosse bien. Le cabinet est transfiguré. Je nettoie les écuries, définis une politique d'achat, mets en place un logiciel de recrutement, un site Internet, nous déménageons et embauchons… On sort également de la dépendance à un seul client qui pesait 77 % du chiffre d'affaires, sans même que le dirigeant en ait conscience.

En remettant mon associé au boulot, la situation s'arrange, certes… mais dès que l'argent est de retour dans les caisses, les problèmes de non-implication et de dérives financières reviennent au galop. Pendant six mois, il ne vient que les après-midi. Il achète une valise Vuitton pour sa femme avec l'argent de la société… il habite en province et fait payer son loyer à Paris par la société… Je lui dis que c'est rigoureusement interdit, il s'en fiche. Nous sommes diamétralement opposés en termes d'honnêteté,

→

d'intégrité, de respect des collaborateurs, de vision de bonne gouvernance. Mais je mets un peu ça sous le mouchoir...
Au fur et à mesure, ma vision et mon énergie prennent le pas sur celle du fondateur. Cela commence à le déranger. Il fait alors entrer un troisième associé senior d'environ 50 ans, auquel j'accepte de vendre une partie de mes parts. Grosse erreur ! Les deux s'allient contre moi, ce sont des flambeurs invétérés, ils se retrouvent complètement dans ce besoin d'argent. Je suis l'empêcheur de tourner en rond, je veux qu'on respecte les règles, les candidats, qu'on évite les magouilles. Ils veulent engager des dépenses somptuaires à court terme que je n'approuve pas. On ne fait que s'engueuler, tout devenant compétition. On ne prend plus aucune décision.
Un an après l'entrée de ce troisième associé, c'est la rupture. Mes deux associés, ligués contre moi, décident de me pousser dehors. Je suis révoqué de mon statut de gérant. La négociation de sortie, à couteaux tirés, est très dure et durera quatre mois. »

Commentaires

« La négociation de sortie a été à la hauteur des bonshommes. Mes associés voulaient absolument acheter mes actions avant la clôture du bilan, car ils étaient couverts de dettes, ils avaient besoin d'argent... Comme on sortait d'une très bonne année de résultats, ils voulaient à tout prix éviter de me verser des dividendes. J'ai reçu des menaces verbales et physiques, accompagnées de tentatives de manipulation non avouables.
Cette fin d'association illustre parfaitement la personnalité de mes associés, et leur rapport à l'argent. Quand vous négociez avec des bandits, c'est Kramer contre Kramer : c'est celui qui sort le plus gros couteau qui gagne. Du coup, on a chacun sorti nos couteaux. J'ai passé quatre mois que je ne souhaite pas à mon pire ennemi. Je n'ai rien lâché. »

L'argent liquide et le black

Le black, une réalité

Il y a les métiers où on est en contact avec la clientèle, où l'essentiel des paiements se fait en liquide. Du coup, il peut être tentant de ne pas tout déclarer dans les comptes et d'empocher directement.

- Dans la restauration commerciale (hors chaînes et groupes), on estime que les flux d'argent liquide non déclarés représentent 15 % de l'activité totale selon le Figaro.fr (le 31 octobre 2009).
- À l'inverse, si vous vendez votre prestation par Internet, la question ne se pose pas : les transactions sont dématérialisées (paiement en ligne, par téléphone)… tracées, donc déclarées. « Depuis dix ans que j'ai créé mon entreprise, j'ai reçu une fois un billet de 50 € », témoigne Jérôme, 35 ans, dirigeant d'un site de e-commerce.

Du net de chez net. Pour le black, le niveau de l'économie est le même que pour les notes de frais, mais le liquide non déclaré ne laisse pas de traces comptables.

Les problématiques liées au black

Le black est par définition illégal : c'est autant d'impôts en moins pour financer l'effort national. L'objectif n'est pas ici de vous inciter à en faire, ni de vous faire la morale. Simplement, si dans votre association cet usage apparaît, il serait bon que vous vous posiez quelques questions :

- **Le risque de dérive en cas de conflit.** Si, demain, votre associé décide de piocher dans la caisse plus que d'habitude, comment le verrez-vous ?
- **L'impossibilité de recours juridique.** Vous voyez-vous aller pleurer au tribunal en disant : « Vous comprenez Monsieur

le Juge, ce n'est pas juste : il m'a piqué tout le black, il ne m'a rien laissé » ?

- **La sous-valorisation.** Projetons-nous dans quelques années. Vous voulez vendre votre restaurant ou votre commerce. Si vos comptes n'ont jamais fait apparaître les véritables bénéfices, comment valoriserez-vous votre entreprise ?

Des comptes sains pour éviter les règlements de comptes

Garder un œil sur les comptes est essentiel pour tout associé. C'est la leçon qu'a tirée Stéphane de sa mésaventure.

Il l'a vécu

Type de société	SARL
Secteur d'activité	Agence de graphisme
Nombre d'associés	4 à 25 %
Pacte d'associés	Non

« À 28 ans, je m'associe avec 3 personnes. Nous sommes tous les quatre graphistes de métier. On crée une agence en SARL, chacun détient 25 % du capital. Alors que nous discutons de la répartition des rôles, un des associés, Franck, se dévoue pour prendre en charge la gestion comptable. Son discours est le suivant : "Vu que je suis moins bon que vous en création, je veux bien m'occuper de la comptabilité. Honnêtement, c'est pénible pour moi : ce n'est pas mon job, je n'ai pas d'expérience là-dedans. Mais il faut bien que quelqu'un se sacrifie, alors ce sera moi. Ça va vous faire gagner du temps, et vous pourrez mieux vous concentrer sur l'activité." Nous acceptons sa proposition : Franck devient aussi gérant.

Tous les ans, lors de l'assemblée générale, la présentation des comptes se fait sur un coin de table. Franck griffonne deux chiffres sur un bout de papier, sans aucun élément justificatif.

→

Au fil des années, je commence à avoir des suspicions sur les finances de l'entreprise. Jusqu'ici, aucun de nous n'avait vraiment pris le temps d'aller éplucher les comptes, de regarder si telle facture est liée à l'activité de la société (et non à une dépense personnelle), de vérifier si tel fournisseur existe vraiment (et qu'il ne s'agit pas d'une société écran)… Il y avait eu quelques alertes pourtant : le fichier comptabilité est entièrement perdu deux fois en trois ans, soi-disant à cause d'un plantage informatique… mais personne n'avait relevé. Quand je découvre le pot aux roses, il est trop tard : Franck a usé et abusé des fausses factures pendant plusieurs années. »

Commentaires

« En adoptant la posture de celui qui se sacrifie, celle de la victime, Franck a utilisé un levier imparable : il a fait en sorte qu'on ne puisse pas lui en vouloir. On était presque obligés de lui trouver des excuses : "Il fait ce qu'il peut, le pauvre. Ce n'est pas exactement comme ça que ça devrait être, mais ce n'est pas grave… il fait ça pour nous aider !"
En ayant la main sur les comptes de façon exclusive pendant trois ans, Franck a rendu la vision des chiffres totalement opaque. L'entreprise avait un expert-comptable extérieur, certes, mais celui-ci ne voyait que ce qu'on lui donnait. »

Qui tient les comptes? Ces quatre mots pèsent lourd dans la relation entre associés. Tenir la comptabilité, c'est être au cœur de l'information sur l'entreprise.

Qui a la carte bancaire et le chéquier? Vérifier l'utilisation des moyens de paiement de l'entreprise (carte bleue, chéquier, moyens de virement…), c'est ce que nous recommande Mario : « La confiance n'exclut pas le contrôle. Même si mon associée gère les finances au quotidien, une fois par semaine, je mets mon nez dans les comptes bancaires pour regarder ce qui rentre et ce qui sort. J'ai aussi la signature sur le compte-courant, et un chéquier dans mon bureau au cas où il y aurait une urgence et qu'elle ne serait pas là. Ça crée un pouvoir pour elle, équilibré par un contre-pouvoir de mon côté. Ça marche très bien comme ça. »

Pourquoi prendre un expert-comptable extérieur ? Pour un budget à partir de 1 500 € par an, en TPE, un expert-comptable effectuera la clôture annuelle et sortira les bilans. Pour un budget de 5 000 à 10 000 €, le cabinet comptable assurera en plus la saisie comptable mensuelle dans votre entreprise (factures, déclarations, etc.).

- **Être sur un pied d'égalité.** Vous échangerez d'autant mieux avec votre associé si un regard neutre, professionnel et indépendant chapote les comptes.
- **Focalisez-vous sur le business.** Faire les comptes sur la base des pièces comptables est-ce vraiment votre cœur de métier ? Tout le temps que vous économisez en administratif, c'est du temps en plus pour démarcher des clients.
- **Votre sommeil a un prix.** La tenue mensuelle des comptes par une personne extérieure, c'est une assurance de sérénité. Attention aux économies de bouts de chandelle. « Ma femme se propose de gérer la comptabilité ! Ce sera plus économique, qu'en dis-tu ? »
- **Être entouré.** Au-delà de la comptabilité, l'expert-comptable sera souvent, au démarrage, un interlocuteur privilégié sur bon nombre de questions entrepreneuriales.

Comment aller plus loin ? Pour les grosses SARL et SAS, la loi impose la présence d'un Commissaire Aux Comptes (CAC). Son rôle ? Contrôler la sincérité et la régularité des comptes annuels. Il vérifiera la véracité des factures, contrôlera votre bilan en vérifiant que vos dettes correspondent réellement, chez vos fournisseurs, à un crédit équivalent. Cela ajoute en lourdeur de fonctionnement, mais vous gagnez en sécurité. Vous pouvez décider d'un faire intervenir un sur des seuils inférieurs aux seuils légaux.

4
Ajustez la relation

Les sujets sont sur la table ? Encore faut-il les traiter correctement. Quelles sont les tendances naturelles à éviter ? Comment poser des bases rationnelles pour une négociation efficace ? Et, pour la part d'irrationnel, comment s'y prendre ? Petit guide de survie pour arriver à s'affirmer tout en restant à l'écoute.

Luttez contre votre naturel

« Chaque fois que c'est possible, on s'attachera à rechercher les avantages mutuels et, quand les intérêts seront manifestement opposés, on insistera pour que les questions soient tranchées au regard d'un ensemble de critères "justes", indépendants de la volonté des parties en présence. »
Roger Fisher et William Ury, *Comment réussir une négociation*

« Le client veut 20% de remise, on lui dit oui ou on lui dit non ? » « On se lance à l'international ou on crée un nouveau produit pour le marché français ? » Sur moult sujets du quotidien, vous allez vous heurter, vous opposer, vous ne serez pas d'accord. Et c'est normal. Vous aurez des opinions différentes, une autre gestion des priorités, des vies personnelles distinctes : il vous faudra gérer ces écarts, vous ajuster l'un à l'autre. Bref, négocier. La négociation, corollaire d'une relation vivante, est un des fondements de votre association. « À chaque fois qu'on est bousculés par un événement extérieur, notre association doit retrouver un îlot de stabilité. On n'est pas dans quelque chose de figé mais, au contraire, de profondément évolutif », témoigne Daniel, 43 ans.

Pas facile de vous remettre en cause régulièrement. Vous devrez lutter contre les trois tendances naturelles suivantes.

Tendance 1 : Rester la tête dans le guidon

Dans l'action, on a vite fait d'être obnubilé par des points de détails et de se laisser submerger. Quels sont les sujets accessoires sur lesquels vous pourriez lâcher du lest, et ceux que vous jugez fondamentaux? Une réponse nous est proposée par ces trois entrepreneurs.

« En entreprise, c'est comme dans tous les domaines de la vie : il faut savoir choisir ses batailles. Qu'est-ce qui est important? Qu'est-ce qui est secondaire? S'il faut que tous les associés soient d'accord sur tout, si chacun soulève systématiquement dix points bloquants pour chaque décision à prendre, on n'avancera jamais. Notre mode de décision, c'est que chacun soit capable de dire : “Il y a des choses qui ne me plaisent pas, mais tel point est juste inacceptable : il faut vraiment le changer car, pour moi, c'est absolument impossible.” Cela suppose aussi que chacun soit raisonnable : il faut s'interdire de faire d'un truc mineur un sujet bloquant lorsque ça ne le mérite pas. »

Tendance 2 : Fuir les conflits

Évitez d'accumuler les rancœurs et des frustrations... Crevez les abcès régulièrement, pour garder une relation saine. À défaut, témoigne Elsa, associée de 41 ans : « C'est comme si vous mettiez seulement un couvercle sur une Cocotte-Minute, avec les pleins gaz en dessous. À l'intérieur, ça continue à bouillir, la pression monte… Il n'y a qu'une seule option possible : l'explosion. »

Il l'a vécu

Le *burn-out* ? C'est ce qu'a connu Matthias, après sept ans d'association.

Type de société	SARL
Secteur d'activité	Édition de logiciels pour les machines-outils
Nombre d'associés	2, à 50/50
Pacte d'associés	Non

« Je suis associé à 50/50 avec André, qui assure la gérance, dans une société de commande numérique pour les machines-outils. Pendant six à sept ans, nous travaillons dans une bonne entente, même si ce n'est pas facile tout le temps. Nous devons parfois nous mettre au chômage technique sur les creux d'activité et mettons une partie des salaires impayés en compte-courant d'associés.

En 2007, la situation s'enlise économiquement. Lors de l'assemblée générale, nous faisons le bilan : stratégie commerciale, avenir de la filière, nous sommes en désaccord sur tout. Je propose à André de me licencier. Il traîne. En septembre 2008, je fais un truc qui lui déplaît : un copain très proche me dit : "Il vous manque un bon commercial. Je peux t'en faire rencontrer un." J'y vais sans en parler à mon associé. Je l'informe juste avant de partir et là, il pique une crise. À mon retour, j'ai un très long e-mail dans lequel il vide son sac. Il avait accumulé une quantité de reproches à mon égard que je ne soupçonnais même pas, me traite de paresseux, de profiteur, etc.

Nous échangeons jusqu'en décembre 2008. Il m'envoie des e-mails abominables et me laisse de longues semaines sans répondre à mes questions. Je suis à bout de nerfs.

→

Nous avons alors une importante commande en préparation. André me dit : "Si on ne règle pas notre désaccord, on va annuler." Lorsque l'heure du rendez-vous client arrive, il me lance : "Il n'y a plus de rendez-vous, j'ai annulé." Je lui réponds par e-mail qu'il ne faut pas annuler ce rendez-vous et je lui reproche son manque de transparence vu qu'il ne veut pas me présenter les comptes. Je mets le client en copie afin de relancer la démarche commerciale. Là, il saute sur l'occasion : "Tu mêles un client à nos affaires", et il me licencie pour faute grave sans indemnités. »

Commentaire

C'est en forgeant qu'on devient forgeron. Plus vous serez rôdé dans la gestion des conflits, plus vous serez à l'aise avec l'exercice. Pour vous entraîner, je vous recommande la lecture de *Comment bien se disputer en couple ?*, de Serge et Carole Vidal-Graf. Un livre utile avec votre cher(e) et tendre, comme avec votre associé.

Tendance 3 : Négocier comme un marchand de tapis

Négocier consiste à gérer les différences entre les personnes. Il est donc important et légitime de négocier régulièrement avec votre associé. Mais qu'est-ce qu'une négociation réussie ? Roger Fisher et William Ury, fondateurs de la méthode de « négociation raisonnée » à la Harvard Law School, nous proposent trois critères de succès :

1. Un accord équilibré entre les parties
2. Une relation vivante
3. Un processus efficace en énergie comme en temps passé

Entre associés, ces critères sont vitaux pour préserver le vivre-ensemble et construire votre entreprise.

Pourtant, votre manière de négocier actuelle est-elle efficace en tenant compte de ces critères ? C'est peu vraisemblable si vous négociez en défendant votre position :

Son déroulement

« Mon prix est de 300 €.
– Je le prends à 200 €.
– Je t'ai dit 300 €, mais puisque c'est toi, je peux descendre à 290 €.
– 290 € ? C'est une blague ? Tu n'es pas sérieux, franchement. Allez, Je n'irai pas au-dessus de 210 €... Après tout ce que j'ai fait pour toi, c'est comme ça que tu me remercies ? »

La tendance naturelle consiste à rester campé sur sa position, à se crisper : on ne veut pas céder d'un iota, on n'entend pas les arguments de la partie adverse... Bref, on négocie comme des marchands de tapis. Connue également sous le nom de « négociation par positions », elle se caractérise par une opposition frontale entre les deux parties.

Ses limites. La négociation par positions pose plus de problèmes qu'elle n'en résout. Au final, elle aboutit à un résultat peu efficace :

- Chaque associé s'enferme dans le marchandage. « Je veux ci », « Moi, je veux ça ». Certes... et après ?
- Elle prend beaucoup de temps.
- Elle n'étudie pas les alternatives possibles.
- Le risque d'échec dans la négociation est élevé.
- Elle risque, par ailleurs, d'abîmer voire de détruire la relation. C'est un concours de volontés : pour gagner, vous êtes obligé de décrédibiliser l'autre, de le mettre en doute, de l'attaquer. Pour arriver à vos fins, c'est l'autre en tant que personne

que vous remettez en question : « 290 € ? Non, tu n'es pas sérieux… »

Les négociateurs : Êtes-vous doux ou dur ?

Étudions l'analyse de Roger et Fisher*, qui fait ressortir deux profils types dans la négociation par position : les durs et les doux. Et vous, dans quelle catégorie êtes-vous vraiment ?

Le doux ?

- Les participants sont des amis.
- L'objectif est l'accord.
- Il fait des concessions pour cultiver la relation.
- Il est doux avec les gens et avec le problème.
- Il a confiance en les autres.
- Il est prêt à quitter facilement sa position.
- Il fait des offres, il veut trouver un accord.
- Il donne son plancher : « En dessous de 240 €, je ne m'y retrouve pas. »
- Il accepte une perte d'un côté.
- Il vise surtout l'accord.
- Il cherche à éviter le conflit de volonté.
- Il cède à la pression.

Le dur ?

- Les participants sont des adversaires.
- Le but est la victoire.
- Il exige des concessions comme conditions de la relation.
- Il est dur avec le problème comme avec les gens.
- Il se méfie des autres.
- Il démonte la position adverse, il la décrédibilise.
- Il profère des menaces : « Si tu veux travailler avec moi, c'est 230 €. »
- Il conduit l'autre vers le plancher.
- Il demande des gains d'un seul côté comme prix de l'accord.

---

* *Comment réussir une négociation*, de Roger Fisher et William Ury, aux éditions du Seuil.

- Il insiste sur la position.
- Il essaye de gagner la compétition de volonté.
- Il met la pression.

Quel couple de négociateurs formez-vous ?

Doux-doux. Votre credo ? « Évitons le conflit pour préserver notre relation… » « Essayons d'abord de gagner de l'argent… on réglera les problèmes quand on aura réussi… » C'est le cas lorsqu'un lien fort préexiste entre les associés (entre amis ou en famille).

- Comme vous êtes contents d'être ensemble, la priorité est de faire des concessions pour que le projet avance.
- Vous évitez les discussions de fond sur les sujets importants, vous mettez un mouchoir sur les problèmes.
- Comme vous n'allez pas au fond des difficultés, vous risquez de démarrer chacun avec une vision différente, sans vous en rendre compte. Le clash viendra nécessairement plus tard.

Doux-dur. Le pire, quand on est doux, c'est de tomber sur un négociateur dur et d'y laisser sa chemise : le doux veut préserver la relation et fait des concessions, alors que le dur exige des concessions pour préserver la relation. Le dur va tirer la couverture toujours plus vers lui et le doux finira lessivé.

Dur-dur. Cette configuration est rare dans une association naissante : elle est très coûteuse sur le plan relationnel car très conflictuelle. Si vous êtes deux personnes au tempérament « dur », vous aurez plutôt tendance à ne pas vous associer. En cas de conflit, vous êtes certain de ne pas parvenir à un accord.

On voit qu'aucune des combinaisons n'est optimale quand on négocie ainsi, sur des positions. Il faudra trouver d'autres manières de négocier.

Et demain ?

En début et en fin de la vie d'une association, les binômes types de négociateurs peuvent évoluer. Au départ, vous aurez le plus souvent l'impression d'être dans du doux-doux. « C'est super, on est copains, ce qui compte, c'est de le rester. » Au fil de la vie de l'association et surtout à la fin, le risque est de basculer dans une négociation dur-dur. De même, si le couple initial est doux-dur, il est vraisemblable qu'avec le temps, le doux, seul à faire des concessions, finira par se lasser d'être la bonne poire de service et durcira le ton.

Découvrez la négociation raisonnée

Nous avons vu précédemment les écueils de la négociation par positions. La négociation raisonnée va droit au but : « Soyez dur avec le problème, mais doux avec les gens. » Ainsi, vous maintenez le lien avec votre associé, mais vous osez poser le problème sur la table et vous pouvez l'affronter à deux. Décryptons les étapes de cette méthode qui, mises en pratique, vous aideront à adopter une bonne posture dans les conflits.

Piste 1 : Séparez la personne du problème

Il y a l'objet de la négociation, et la personne avec qui vous échangez. Toute négociation comporte une double dimension : le contenu et la relation entre l'autre et vous. Alors que la négociation de marchands de tapis mélange ces deux aspects, les dissocier permet de gagner en efficacité.

Communiquez avec respect

Évitez les expressions en « tu ». Souvenez-vous que « le “tu”, tue ». Devenez un professionnel de la reformulation : passez de « Tu as envoyé la présentation en retard » à « Le client s’est plaint d’un retard de livraison ». Du coup, la réponse de votre associé : « C’est parce que j’attendais ton introduction », sera plus facile à entendre.

Exprimez vos émotions et soyez attentif aux siennes

- Parlez-vous au lieu d’envoyer un e-mail. Rien de mieux qu’un e-mail pour transformer un désaccord en conflit : il fige les intentions au-delà de ce qui est nécessaire, sans transmettre d’émotion. Tout le contraire de ce que vous devez faire. Si vous écrivez, plus c’est court, mieux c’est. Sinon, c’est autant de prises données à l’interprétation et à la critique.
- Utiliser des gestes symboliques permet de construire un impact émotionnel positif (bouteille de champagne, offrir le déjeuner...).

Les émotions de base

Rendez explicite vos émotions et reconnaissez leur légitimité. Notamment, la colère est souvent déconsidérée, mais il existe des colères justes !

Sur les quatre émotions de base, la peur, la colère, la tristesse, la joie, posez-vous les questions suivantes :

- Quel est le déclencheur primitif de cette émotion ?
- Quelle est la réaction naturelle dans cette situation ?
- Quel est le rôle de l’émotion ?
- Que risquerait-on si cette émotion n’était pas présente pour nous guider ?
- Vous trouverez ci-dessous des propositions de réponses non exhaustives pour alimenter votre propre réflexion.

	Déclencheur primitif	Réaction naturelle	Rôle	Risque primitif
Peur	Un danger	Paralysie/Fuite	Se protéger	Mort
Colère	Un manque	Posture de combat	Défendre un espace vital	Faim/injustice
Tristesse	Une perte affective	Perte d'énergie	Se recentrer sur ses besoins	Solitude
Joie	Une satisfaction	Partage	Valoriser l'expérience vécue	Pas d'envie de poursuivre

Piste 2 : Focalisez-vous sur les intérêts

Exemple

Deux enfants se battent pour une orange. Avant de la couper en deux pour en donner une moitié à chacun, posons-leur une question : « Qu'est-ce que vous voulez faire avec cette orange ? » « Un jus d'orange », dit l'un. « Je veux récupérer le zeste pour faire un gâteau », dit l'autre.

Vos envies sont en apparence opposées ? Il existe peut-être un moyen de les concilier. Pour éviter une solution non optimale, vous devrez exprimer vos intérêts fondamentaux.

Attention : entrer dans cette logique implique, pour vous aussi, de réfléchir à ce que vous voulez vraiment. Soyez capable d'aller au fond de vos envies, et de les formuler à l'autre.

Prenons par exemple le débat que nous avons vu p. 125 : le besoin d'égalité des uns est incompatible avec le besoin d'équité des autres ? Et si la structure actuelle aidait ceux qui ont de l'énergie à revendre à monter un second projet dans le département d'à côté ? L'égalité est préservée dans le projet actuel et l'associé désireux d'équité y trouve son compte.

Piste 3 : Imaginez les multiples pistes de gains mutuels avant toute décision

Une fois que vous êtes au clair sur les intérêts de chacun, assurez-vous d'avoir étudié toutes les options possibles. Comme nous l'avons vu plus haut, si ce que vous voulez, c'est un salaire pour payer la crèche de vos enfants, alors que votre associé veut une belle voiture de fonction, se mettre en holding vous ouvre l'espace de liberté que vous souhaitez.

Piste 4 : Trouvez des critères objectifs

Les critères objectifs ont un double mérite : d'une part, ils sont évidemment plus faciles à accepter pour chacun mais, surtout, vous pouvez les chercher ensemble, ce qui fait naître une dynamique commune.

- **L'appel à un expert :** expert-comptable, consultant en ressources humaines ou marketing, etc. Faire appel à ces spécialistes peut vous aider à avancer en cas de désaccords.
- **Quels sont les ratios du secteur ?** « Notre agence immobilière n'investit pas assez en publicité », estime votre associé. – Moi, je trouve que c'est amplement suffisant, mais je veux bien qu'on cherche la moyenne du secteur et qu'on s'aligne dessus. Est-ce que ça te convient ? – Ça me va, faisons une recherche. » Une étude Xerfi vous indiquera que la publicité représente en moyenne 20 % du chiffre d'affaires d'une agence. Et une affaire de réglée, une !
- **Qu'en pense votre équipe ?** L'impliquer dans la réflexion est souvent la meilleure manière de prendre les bonnes décisions…

Ils l'ont fait

Recourir à des experts ? C'est le choix qu'ont fait Arnaud et Jean-Renaud dans leur société de télécoms. Une façon de préserver leur relation malgré leurs différences.

Type de société	SARL
Secteur d'activité	Télécommunications
Nombre d'associés	3 (à 1/3 chacun)
Pacte d'associés	Non

« Depuis quatorze ans, nous sommes trois associés à ⅓ partout. Nous sommes spécialisés dans l'intégration de réseaux et de téléphonie. La complémentarité s'est révélée présente dans notre association. L'un a pris en charge la technique, le deuxième la partie commerciale et le troisième les finances de la société. Notre bonne entente à trois patrons contribue pour beaucoup à la bonne ambiance de travail en interne. Depuis quatorze ans, l'association n'est pas scellée par un pacte d'actionnaires. Nous veillons surtout à communiquer beaucoup, tous les trois, et à faire preuve de transparence dans la gestion.
Certaines divergences de points de vue peuvent faire naître des désaccords : deux associés ont un métier plutôt opérationnel, et le troisième plutôt administratif. Cela induit une divergence de points de vue sur certains axes stratégiques, d'âpres discussions parfois… Mais nous finissons toujours par trouver un consensus. Quand nous avons besoin d'un regard extérieur, le commissaire aux comptes et l'avocat fiscaliste apportent un éclairage extérieur sur les problèmes en cours. Cela fut le cas, par exemple, lorsque nous avons envisagé de monter une filiale opérateur de télécoms, pour compléter notre activité (projet qui n'a finalement pas vu le jour). »

Piste 5 : Prévoyez en amont les cas où vous risquez de vous fâcher

Vous discuterez d'autant mieux de ce qui est juste que vous n'avez pas encore d'intérêts à défendre. C'est donc plus facile au démarrage, quand les rôles ne sont pas distribués.

Dans les associations qui marchent, très fréquemment, on trouve des associés qui, dans les débuts, ont pris le temps d'étudier toutes les situations où cela pourrait mal se passer. Si vous formalisez cette démarche par écrit, vous obtenez *in fine* un pacte d'associés.

C'est le cas de Grégoire, qui nous a présenté sa méthode de « fiançailles » p. 52.

Ils l'ont fait

« Quand nous avons créé notre cabinet de chasseurs de têtes, en 2003, l'argent et les filles nous ont semblé être les deux raisons principales pour lesquelles on pourrait se brouiller un jour. La deuxième n'avait pas lieu d'être dans une entreprise… On s'est donc concentrés sur ce qui touche à l'argent. On a essayé d'imaginer tout ce qui pourrait se passer entre nous, en parlant de toutes les éventualités… Puis on a tranché, et on a inscrit nos décisions noir sur blanc dans notre pacte d'associés. Celui-ci cadre toutes les situations où ça pourrait ne plus marcher entre nous : si un des associés veut partir et revendre ses parts, comment les valorisera-t-on ? S'il veut partir, mais rester actionnaire, combien touchera-t-il ? Comment la rémunération peut-elle respecter le principe égalitaire dans l'absolu, tout en intégrant une proportion de variable ?
Sur ce point, on a opté pour une règle qui a été approuvée par tous : nous avons tous le même salaire (c'est écrit dans le pacte), et la répartition des dividendes se fait au prorata du chiffre d'affaires réalisé. Imaginons

→

que j'aie 45 % des parts, mais que je réalise 100 000 € de chiffre d'affaires sur 150 000 € pour toute l'entreprise : j'aurai ⅔ du résultat. C'est écrit, point. Il n'y a pas de « notes de gueule », d'alliances possibles pour arriver à une majorité et pénaliser un minoritaire…
Depuis le début, on n'a pas touché au pacte d'associés, mais il reste des discussions ouvertes. Par exemple, on s'est demandé récemment : quel montant va-t-on s'allouer pour les notes de frais ? À quelle fréquence on change nos voitures de fonction ? Est-ce qu'on décale la politique de bonus au trimestre suivant pour les salariés ? »

Décryptez la part irrationnelle

« Les cons, ça ose tout, c'est même à ça qu'on les reconnaît. »
Michel Audiard, ***Les Tontons flingueurs***

La négociation raisonnée suppose que les individus soient rationnels. Mais si tout le monde était rationnel, il n'y aurait pas de conflits. S'il y en a, c'est bien que persiste en nous une part d'irrationnel. Comment décrypter les postures psychologiques de chacun dans la négociation ? Quelles réactions suscitent-elles chez vous ? Comment empêcher l'autre de prendre l'ascendant sur vous ? Pour décrypter la face cachée des échanges, voici quelques clés issues de l'Analyse Transactionnelle (AT).

Distinguez les trois états d'esprit types

Selon l'approche de l'Analyse Transactionnelle, développée par Éric Berne* dans les années 1950, chaque personne fait appel à trois états de l'ego possibles dans les échanges : on peut se

* *Des jeux et des hommes*, d'Éric Berne, aux éditions Stock.

comporter, dans les relations avec l'autre, comme un Parent, un Adulte ou un Enfant. À chacun de ces états correspondent des pensées, des émotions et des comportements.

Parent : c'est votre état d'esprit quand vous réagissez en reprenant l'attitude d'une de vos figures parentales, sa gestuelle, ses émotions. Il permet de jouer le rôle effectif de parent. D'autre part, cet état favorise les automatismes, vous libérant ainsi d'innombrables décisions à prendre. De « Brosse-toi les dents avant d'aller te coucher », « On ne traverse pas au feu rouge », à « La priorité, c'est les clients », « L'avenir appartient à ceux qui se lèvent tôt », autant d'injonctions de figures parentales que vous reprenez aujourd'hui à votre compte sans les remettre en question à chaque fois.

Adulte : l'état Adulte est dans le domaine de l'analyse objective, ses prises de parole sont rationnelles, informatives, liées au monde réel : « Il fait chaud… », « Il est en colère, apparemment ». L'adulte est particulièrement attaché aux processus, aux méthodes, aux moyens… Il s'exprime aussi dans une approche problème/solution : « Il nous faut un serveur plus puissant pour répondre à la hausse du trafic sur le site. »

Enfant : l'état Enfant correspond aux réactions spontanées que vous auriez eues enfant. Maîtres mots en matière de comportement ? La créativité, l'intuition, la spontanéité, l'amusement.

On peut ensuite analyser les échanges entre deux personnes comme une succession d'interactions entre leurs états du moi. Éric Berne les appelle « transactions ».

La communication sans incident : les transactions complémentaires

Échange Adulte-Adulte

Par exemple, quand Alice pose une question en Adulte à Bob, qui lui répond en Adulte, on obtient une transaction Adulte-Adulte : « Tu as l'heure? », demande Alice. « Il est 19 heures », répond Bob.

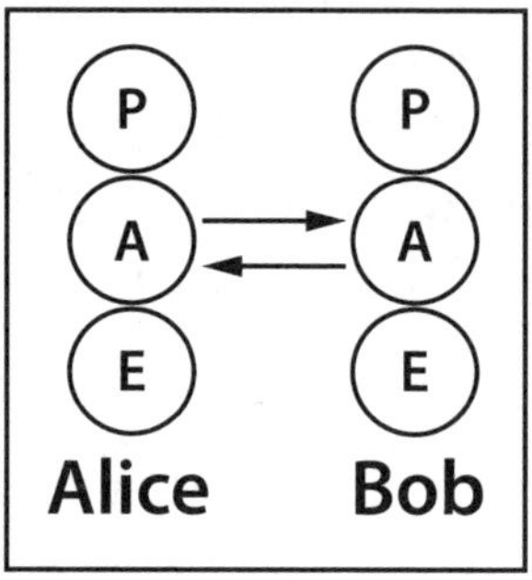

Le schéma ci-dessus illustre cet échange. Quand les flèches sont parallèles, chacun accepte le registre proposé par l'autre et y répond en conséquence. Tant que les flèches sont ainsi parallèles, la communication se déroule sans incident.

Échange Parent-Parent

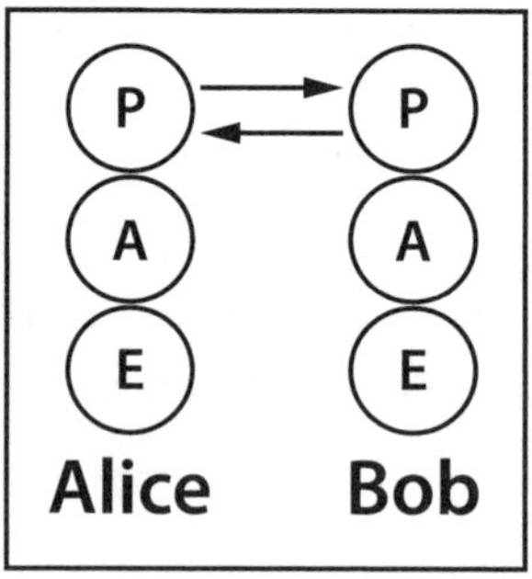

On y retrouve notamment les échanges sur les valeurs, les généralités admises et les comportements de médisance :

- « Ces jeunes stagiaires, on ne peut rien en tirer. »
- « Je suis bien d'accord, c'est la génération Y, tu sais, on ne peut rien en attendre. »

Échange Enfant-Enfant :

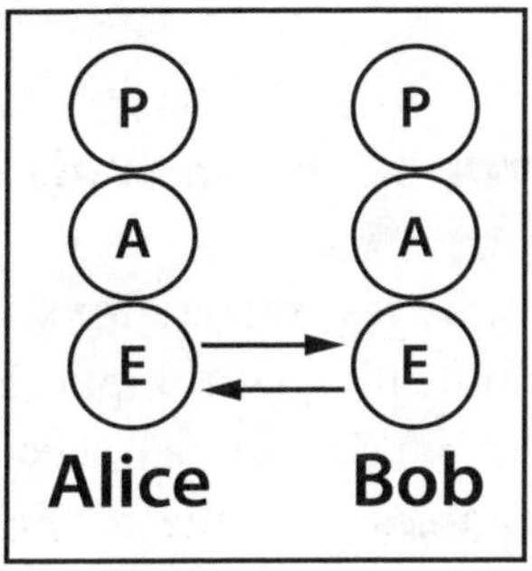

On rentre dans le domaine du jeu :

- « Et si on lui ajoutait des moustaches ? »
- « Trop fort, la tronche que ça lui fait ! »

Échange Parent-Enfant

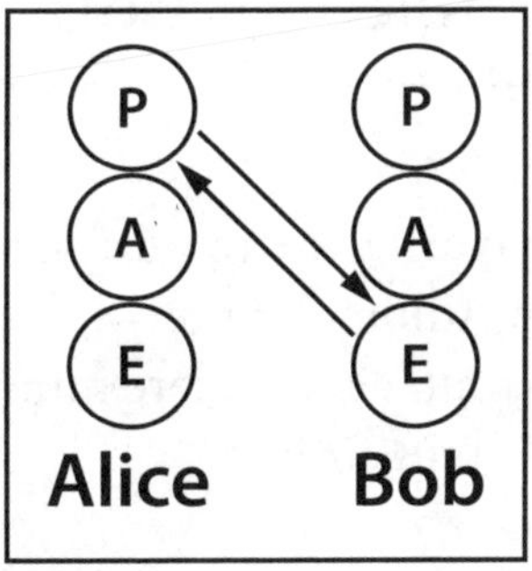

L'échange Parent-Enfant est sain pendant l'enfance. Dans le monde professionnel, on peut retrouver des relations d'ascendance acceptée, mais l'équilibre est moins stable, une relation

Adulte-Adulte étant attendue. On peut néanmoins les retrouver dans les situations d'apprentissage :

- « Calme-toi, je vais te montrer comment faire. »
- « Merci, j'en peux plus. »

Ou dans les comportements paternalistes :

- « Avez-vous fini le rapport Dupont mon petit ? »
- « Mais certainement, Monsieur le directeur. »

Le conflit : les transactions croisées

Le conflit ? C'est lorsque les transactions se croisent, nous dit Éric Berne. La communication est rompue. En entreprise, cela se traduit essentiellement par des prises d'ascendant Parent-Enfant qui ne sont pas acceptables par l'une des parties.

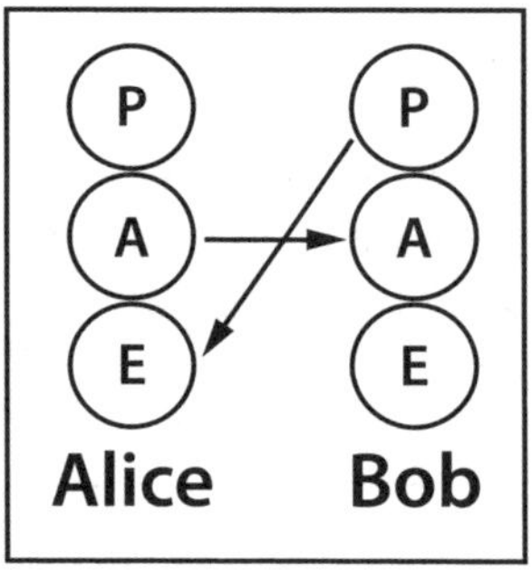

- « J'ai prévu de travailler cette nuit sur le rapport fournisseurs. » Assertion Adulte-Adulte
- « Tu fais toujours tout à la dernière minute ! Ce n'est pas normal ! » Réponse Parent-Enfant

La réponse de Bob est une réponse de culpabilisation. Alice peut l'accepter avec une réponse du type : « Pardon, je suis désolée. » Cela peut être sans conséquence à court terme. Mais peut aussi s'instaurer une relation de domination par la culpabilité qui ne pourra être pérenne. Alice est ainsi maintenue dans une position infantilisante, et Bob pourra continuer à exercer un pouvoir malsain. La pression monte alors dans la Cocotte-Minute et Alice finira par exploser (conflit ouvert) ou par imploser (somatisation).

Alice peut refuser cette prise de pouvoir, mais risque de basculer à son tour dans un registre, lui aussi de l'ordre du Parent-Enfant :

- « Je fais les choses jusqu'au bout, moi ! »

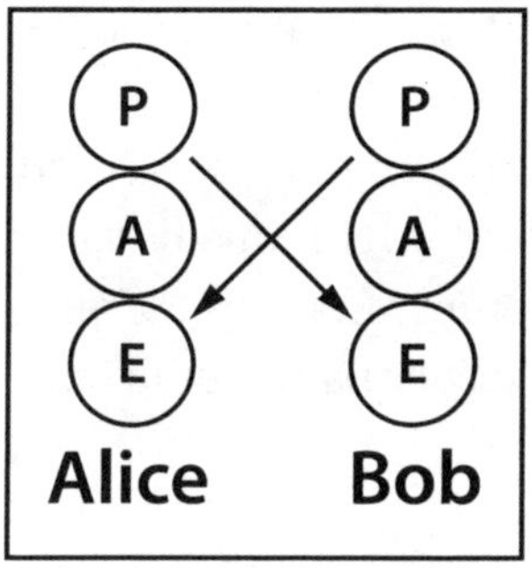

Le conflit est ouvert. Démarre un échange où chacun prend une position de Parent et considère l'autre comme un Enfant, avec un discours de valeurs. À la rupture de leur association, chacun des associés dira alors : « Nous n'avions pas les mêmes valeurs, ça ne pouvait pas marcher. »

Pour ne pas en arriver là, aidons Alice à trouver une réaction qui ne soit ni hérisson ni paillasson.

Quand Bob lui dit « Tu fais toujours tout à la dernière minute ! Ce n'est pas normal ! », il utilise des éléments factuels et exprime une situation d'autorité. Alice doit-elle répondre d'Adulte à Adulte ?

- **Identifiez et verbalisez l'émotion de l'autre :** « Ce que je comprends, c'est que tu es inquiet. »
- **Prenez vos responsabilités :** « J'ai bien l'intention de faire le travail correctement et de le remettre en temps et en heure au client. »

- **Élargissez le cadre :** « On pourra, si tu le souhaites, faire un point sur notre processus de réponses à appels d'offres pour l'optimiser. »
- **Verbalisez votre émotion :** « J'essaie de travailler en adulte responsable, et là je me sens traitée comme une gamine. C'est humiliant pour moi. »

Par écrit (et notamment dans les e-mails), vous pourrez vous relire et enlever tout ce qui pourra être interprété comme une prise d'ascendant Parent-Enfant par le destinataire.

À l'oral, dans le feu de l'action ou sous le coup de l'émotion, il ne sera jamais évident de trouver immédiatement les bons mots. Vous apprendrez avec le temps. L'Analyse Transactionnelle donne un précieux décodeur de la situation et un cap à essayer de suivre.

La manipulation : les transactions cachées

Vous agissez en adulte responsable, et pourtant vous voilà sorti d'une réunion avec une sensation de malaise diffus. Vous avez été victime de piques lors d'une conversation d'apparence anodine ? Derrière une plaisanterie on vous a fait passer un message ? Vous avez l'impression d'être le sujet de reproches qui n'ont pas vraiment été formulés ? Vous êtes en pleines transactions cachées. Décryptage de ces modes de communications malveillants ou pervers.

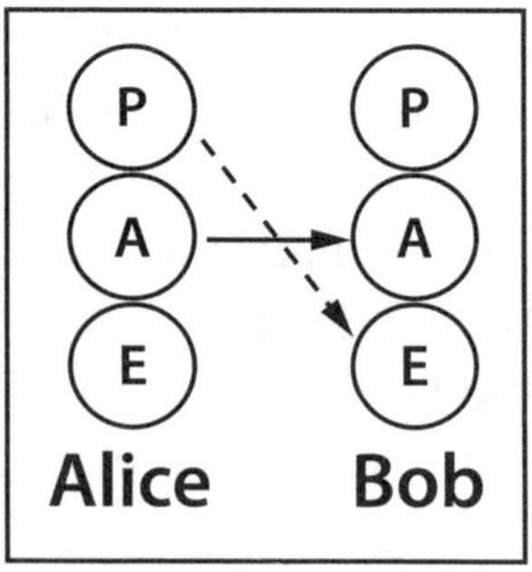

Quand Alice demande à Bob, qui arrive après tout le monde « Tu aurais l'heure, s'il te plaît ? », se glisse le sous-entendu « Tu es en retard ».

Le message affiché officiellement par Alice, « Tu aurais l'heure », est informatif, de type Adulte-Adulte. Mais le message psychologique qui est caché, « Tu es en retard », est Parent-Enfant. L'Analyse Transactionnelle explique que le message réellement important entre ces deux personnes est le message caché. Ici, par exemple, Alice essaie de prendre l'ascendant sur Bob.

Difficile pour Bob.

- **Réponse Enfant-Parent :** il prend la position paillasson « Je suis vraiment désolé », et il accepte l'humiliation.
- **Réponse Adulte-Adulte :** il fait une réponse factuelle « Il est 9 h 16 » et il va se faire taxer d'insolence. « Tu peux faire le malin, tiens. Et dire que tu es associé, aucune implication oui ! »
- **Réponse Parent-Enfant :** Avec un message hérisson « Non mais qu'est-ce que tu as à me fliquer », Alice aura beau jeu de rester sur le message formellement émis : « Il faut te calmer, tu es complètement parano, je t'ai juste demandé l'heure. »

De manière ponctuelle vous pourrez chercher des réponses adaptées Adulte-Parent : « Je sais que je suis en retard, mais les délais seront tenus. »

Sur le long terme, il vous faudra comprendre le mode de fonctionnement de votre interlocuteur pour essayer de le désamorcer. Andréa témoigne de cet échange avec son oncle et associé :

Andréa : « Tu peux transférer les noms de domaine vers la société que nous venons de créer, s'il te plaît ? »

L'oncle : « C'est mieux de les garder dans ma holding en Angleterre : crois-en mon expérience, ainsi, ce sera plus compliqué juridiquement pour une entreprise française de nous attaquer… Et entre nous, ça marche à la confiance. »

Dans ces situations, tout est dans le message sous-entendu : « Si tu remets en cause ce que je propose, je t'accuserai de ne pas me faire confiance, de détruire la relation et de créer un conflit familial. » Ce message n'étant jamais explicite, Andréa se retrouve prise en tenaille. Son oncle peut ainsi garder un pouvoir indu sur un élément essentiel de l'entreprise.

Pour avancer, Andréa devra être exigeante sur ce qu'elle considère légitime. Arrive ici la notion d'assertivité.

Soyez assertifs

Quel équilibre entre écoute de soi et écoute des autres ? Au cœur de cette question réside le principe de l'assertivité. Définie par les formateurs en Analyse Transactionnelle ou les thérapeutes, l'assertivité est la capacité à s'affirmer tout en respectant les autres.

L'assertivité, comment ça marche ?

S'il est un chemin pour apprendre l'assertivité, c'est bien celui de l'entrepreneuriat : chaque jour, vous allez apprendre à dire « non » à vos clients, à vos fournisseurs, à vos salariés. Et un beau matin, vous allez également, même si vous êtes très timide, dire « non » à votre associé… qui en restera probablement comme deux ronds de flan.

La règle d'or ? Sans écoute de soi, il n'y a pas d'écoute des autres.

L'assertivité apparaît comme l'une des quatre positions de vie que fait émerger l'Analyse Transactionnelle en observant les positions d'écoute qu'un individu a vis-à-vis de lui-même et des autres.

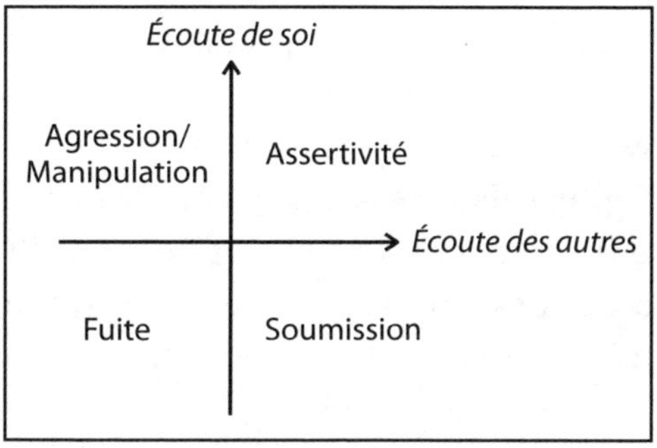

- Je n'écoute pas mes besoins ni ceux des autres : Fuite-Dépression.
- Je n'écoute pas mes besoins et suis à l'écoute de ceux des autres : Soumission.
- Je suis à l'écoute de mes besoins, mais ne tiens pas compte de ceux des autres : Agression. Je n'en tiens compte que sur la forme : Manipulation.
- Je suis à l'écoute de mes besoins et de ceux des autres : Assertivité.

L'assertivité apparaît comme la position optimale à rechercher. Pour y parvenir, de nombreuses techniques ont été développées (l'Écoute active*, la Communication non violente**) : elles invitent à améliorer le côté du canal de communication sur lequel on peut agir : soi-même.

Prenons le cas de David : associé à Laurent et à Arnaud dans une entreprise de bâtiment, ils ont surmonté ensemble toutes

* In *Le Développement de la personne*, de Carl Rogers, aux éditions Dunod.
** In *Les mots sont des fenêtres (ou bien ce sont des murs)*, de Marshall B. Rosenberg, aux éditions La Découverte.

les épreuves de la vie. Leur société décolle, ils connaissent de beaux succès, ils s'élèvent socialement. Après bientôt quinze ans à travailler côte à côte au quotidien, David, qui a une âme d'entrepreneur, aimerait se lancer dans le grand bain seul. Mais le sentiment de culpabilité à l'idée d'aller faire quelque chose sans ses associés est fort. Il a l'impression de les trahir.

Commentaires :
Sentez-vous légitime dans vos envies. Vous avez le droit de vous interroger, en priorité, sur vos propres attentes. Si vous partez toujours de celles des autres, vous ne réaliserez jamais ce que vous voulez faire, vous.

La fidélité à l'autre passe par la fidélité à soi. Finalement, David échangera avec ses associés. Il réalisera que derrière sa volonté de se lancer seul, se cache surtout la frustration de ne plus avancer. Du coup, les trois associés se sont fixé un nouveau challenge : racheter un confrère pour doubler de taille.

Il l'a fait

Prendre le temps d'échanger sur ce qui compte vraiment pour eux, c'est ce qu'a fait Vincent, 58 ans, avec son associé Gérald, après des expériences malheureuses.
« Je suis associé avec Gérald, qui vit en Suisse. Quand on a démarré, on a eu une très longue discussion sur nos valeurs. On a fait une feuille de route, une sorte de cahier de doléances. Nous y avons inscrit, chacun, toutes nos attentes, toutes nos frustrations. On a parlé ensemble de nos valeurs sur des sujets concrets : rapport à l'argent, capacité de conciliation, de renoncement, taille de l'ego (égocentré ou pas).
Ça m'a permis de lui dire tout ce qui était important pour moi. De son côté, c'est un passionné de cyclisme : pendant le Tour de France, il ne faut pas l'emmerder [rires]. De mon côté, je partage ma vie entre la

→

France et l'Italie, je veux qu'il le respecte. Quand je suis là-bas, ça ne veut pas dire que je ne bosse pas, mais je ne veux pas aller en rendez-vous commercial à Paris. Ce n'est pas sur le mode « on est copains », mais sur le mode « on s'est dit les choses ».
C'est parce que j'ai vécu pas mal de frustrations dans mes associations précédentes que j'ai voulu instaurer ça. Pour moi, ce sont des barrières anti-haine. Il faut que les gens qui bossent ensemble y prennent du plaisir. Si je ne peux pas aller boire un coup de rouge avec mon associé, je ne vois pas l'intérêt. J'ai tout fait pour qu'on continue à boire des coups de rouge ensemble ! »

Préservez le vivre ensemble

Difficile d'envisager une association épanouie sans partager une proximité régulière avec son associé : se voir, se parler, déjeuner ensemble. Le vivre-ensemble apparaît comme le socle de votre relation, qui permettra à chacun de s'affirmer tout en trouvant sa juste place.

C'est ce que Daniel a réussi à mettre en place avec son associé Loïc, dont nous avons vu le témoignage p. 41.

Ils le font

« En 2003, je m'associe avec Loïc, un membre de mon équipe, et une troisième personne. Nous créons une entreprise de logiciels. Depuis dix ans, notre association a connu des hauts et des bas : l'associé qui vous plante là, un beau jour, et refuse de vendre ses parts, les périodes de vache maigre… Mais avec Loïc, on a une relation particulière : j'ai tendance à dire que nous sommes un vieux couple. Et comme dans tous

→

les vieux couples, on entretient notre relation. On prend du temps pour discuter de nous.
Au début, ce n'était pas organisé, on faisait ça au fil de l'eau, de façon spontanée. Mais en 2006, les choses ont changé : à cette époque, on passait tout notre temps en clientèle, on n'avait même plus de bureaux communs pour alléger les frais de structure. On ne se voyait plus, il y a eu un manque.
L'entreprise grossissant, j'ai ressenti fortement le besoin de sanctuariser des moments d'échange. On a commencé à instaurer des discussions sur le projet de la boîte, en se voyant à l'extérieur... Depuis, on a repris des bureaux communs, mais on a gardé cette habitude ! On se réunit une journée par trimestre, toujours à l'extérieur : soit chez l'un, soit chez l'autre, dans des restaurants ou des hôtels... L'idée de ces réunions n'est pas de parler de l'opérationnel : on n'a rien à produire, ni réellement d'agenda. On essaye surtout de prendre du recul, de faire un bilan, de se reprojeter dans le futur, d'ajuster notre projet à long terme : quels sont nos sujets prioritaires ? Comment veut-on avancer aujourd'hui, et avec quelle stratégie ? Est-ce qu'on recrute ou pas ? Est-ce qu'on investit dans des locaux ?
Aujourd'hui, c'est moi qui prends soin de proposer à Loïc tous les trimestres une date pour ce rendez-vous... C'est systématisé, organisé... C'est notre façon d'avoir une boussole pour savoir comment on réagit, de distinguer l'anecdotique du fondamental. Comment aller au bon endroit si on ne s'arrête jamais pour voir où on est ? Vous avez déjà essayé de marcher dans une forêt en regardant vos pieds ? »

Tenez compte des besoins de reconnaissance

Au-delà des questions d'argent, se cachent généralement des problèmes de reconnaissance et d'ego. Intégrez cet enjeu, avec toutes les difficultés qu'il comporte :

- Votre succès peut être vécu comme une humiliation pour les autres. Même si vous avez surtout envie de faire avancer l'entreprise et de transmettre votre énergie, veillez à ménager vos associés si vous êtes la locomotive de l'association.

> **« Dans toute association de deux hommes, il y en a toujours un qui se fait porter par l'autre. »**
> Charles de Gaulle

- Attention néanmoins aux puits sans fond : ne vous donnez pas pour mission de régler les problèmes personnels de votre associé. Si celui-ci est en dépression, vous pourrez donner tout ce que vous voudrez, cela ne sera jamais assez. Protégez-vous, laissez votre associé avancer avec un thérapeute. N'hésitez pas vous aussi à vous faire accompagner pour éviter de vous faire aspirer dans sa dépression.

5 Gérez la sortie

Vous arrivez en bout de course? Toutes les bonnes choses ont une fin. Comment faire le deuil de votre projet et de la relation d'associés? Gérer une séparation sans culpabilité? Valoriser les parts financièrement? Éviter d'être acculé dans la négociation finale? Que la volonté de se séparer soit commune ou non, que vos associés soient réglos ou pas, dédramatisez : au prochain tournant, la route vous appartient.

Comprendre les étapes du deuil

Il en va des entreprises comme du poker. Parfois on gagne, parfois on perd. Les mains perdantes sont les plus difficiles à jouer, et les grands joueurs se reconnaissent à leur capacité de s'arrêter quand ils s'aperçoivent que leur jeu, prometteur au départ, n'est finalement pas à la hauteur.

> **« Lancey retourna sa carte et le Kid contempla, fasciné, la face enluminée d'un valet de cœur. Pendant un moment, il ne comprit pas qu'il avait perdu. »**
> Richard Jessup,
> *Le Kid de Cincinnati*

Quand on découvre que son entreprise va dans le mur, il est sage de savoir se retirer. Pas facile, alors, de faire le deuil d'un projet dans lequel votre investissement est autant humain que financier. Les thérapeutes distinguent cinq étapes en matière de deuil. Ne les prenez pas comme un processus mécanique et linéaire. Résolument vivantes, elles dépendent de la sensibilité et du parcours de chacun : certains seront bloqués plus longtemps sur une étape, vont en sauter une autre, ou faire marche arrière et revenir à un stade antérieur… Mais les connaître devrait vous aider à mieux passer cette transition délicate.

Le choc, le déni

« Ce n'est pas un problème, ça va marcher, il faut juste être persévérant. » L'entrepreneur se caractérise par son optimisme, sa capacité à ne pas accepter ce que les autres tiennent pour acquis. Quand l'entreprise commence à plonger, vous refusez de voir la réalité en face, vous êtes sonné par ce qui vous arrive. C'est une période où les émotions semblent pratiquement absentes. La phase de déni peut être particulièrement longue. Attention, cependant : quand la cessation de paiement est observée, le responsable légal a 45 jours pour la déclarer, faute de quoi il se met en risque juridique sur ses biens personnels.

La colère

« C'est vraiment une ordure, comment ai-je pu me tromper à ce point sur son compte ? » La colère est le sentiment qui s'exprime face à une volonté contrariée (voir p. 151). Elle surgit face à l'impuissance et à la frustration. Vous alternez entre des pulsions d'agressivité et de vengeance (tournées vers les autres), et la révolte, les critiques et les jugements (tournés vers vous). C'est à ce moment précis que la culpabilité intervient : vous vous justifiez sans cesse, vous vous flagellez. Cette phase peut se révéler compliquée pour les tiers quand il y a un transfert de culpabilité et que vous commencez à chercher des coupables. « C'est de la faute de ce salaud de banquier. »

Le marchandage

Phase faite de négociations, de chantages... en tous genres... Vous trichez avec la réalité. « J'ai juste un problème de trésorerie... tu me prêtes 5000 € ? » Les entreprises ne meurent jamais que de problèmes de trésorerie.

La dépression

Les ruminations tournent en boucle. Vous voulez comprendre, tout analyser, tout décrypter, pour ne pas revivre le même scénario plus tard. Vous vous en voulez de ne pas avoir repéré les signaux d'alerte qui... Pour le dirigeant, quand la situation tourne court, les « 3D » menacent : dépôt de bilan, divorce, dépression. À prendre dans l'ordre que vous préférez...

La dépression : Quand l'idéal butte sur la réalité

« Je ne suis pas celui que je voulais être... que je croyais être... et je ne le serai jamais. » La maladie dépressive tire sa source de ce constat : je suis incomplet, imparfait. Certaines limites, inhérentes à ma personnalité, m'empêcheront à tout jamais de devenir celui que je veux être.

Quand on est déprimé, on contemple l'écart entre notre « moi » idéal et la réalité. Plus on observe cet écart, moins on a d'énergie, et plus cet écart augmente.

La dépression est caractérisée par une grande tristesse, des remises en question, une détresse profonde. Vous pouvez avoir l'impression que vous n'en verrez jamais le bout. Pourtant, cette maladie se soigne. Un Français sur cinq traverse au moins une phase de dépression au cours de sa vie.

L'acceptation

Évidemment, plus vite on y arrive, mieux c'est. Mais attention au « je vais bien, tout va bien », qui relève plutôt de la phase de déni. À ce moment-là, on commence à nouveau à se tourner vers l'avenir. La réalité de la perte est comprise, acceptée, digérée : vous retrouvez votre plein fonctionnement et réorganisez votre vie en fonction. Une nouvelle étape entrepreneuriale peut alors démarrer.

Il l'a vécu

Difficile de se résigner ? De se dire que cette fois-ci, c'est fini ? Le témoignage de Kilian nous montre toute la mécanique de culpabilité à l'œuvre, quand on a le sentiment d'abandonner l'autre, d'être celui qui quitte le navire…

Type de société	SA
Secteur d'activité	Société de formation sur Internet
Nombre d'associés	2 et un fonds d'investissement
Pacte d'associés	Oui, à la demande des investisseurs

« En 1998, j'ai 32 ans. Je suis consultant indépendant depuis trois ans, je projette de créer ma propre entreprise. Je m'associe alors avec Maxime, un de mes anciens clients, pour lancer une société de formation sur Internet. Dans l'association, c'est moi le technicien. Max a un profil de commercial et de gestionnaire. Nous levons un peu d'argent auprès d'un fonds régional et embauchons quelques salariés (on ira jusqu'à douze personnes). Nous créons un logiciel en ligne pour la gestion des formations et entamons le démarchage commercial.

Nous développons vite des relations très amicales. Le démarrage est exaltant. Notre projet rencontre beaucoup d'intérêt de la part de clients

→

potentiels. On met en place l'université en ligne d'un premier gros client. En 2001, on est sur le point d'obtenir, par le biais d'ANVAR (actuel Oséo) et d'investisseurs régionaux, 3 millions d'euros.

Mais les premières difficultés arrivent. Notre prospection commerciale ne porte pas ses fruits : le marché, qui émerge, suscite davantage de curiosité que de véritables projets. L'éclatement de la bulle Internet balaye notre unique client : le chiffre d'affaires se réduit comme une peau de chagrin. Nos deux investisseurs potentiels renoncent.

En septembre 2001, c'est la cessation de paiement. Nous n'avons plus assez de trésorerie pour payer les salaires ni pour licencier. On a trois mois de retard dans le paiement des salaires, je redoute la faute de gestion… je vais me signaler au président de la chambre de commerce. À ce moment-là, malgré les difficultés, Maxime et moi refusons de voir la réalité : on se dit que ça va passer. On monte un plan de continuation, on trouve de nouveaux contrats : le tribunal de commerce nous autorise à poursuivre l'activité.

L'épisode a été douloureux. Quelque chose s'est brisé, dans le projet comme entre nous. Maxime est un optimiste patenté. En ces temps difficiles, c'est à mes yeux de l'inconscience : je ne crois plus à son optimisme, qui frise l'irréalisme. On dépense une énergie folle en pure perte, pour lutter contre l'Urssaf, gérer les créanciers, les formalités administratives, les licenciements. Je suis le dernier technicien de la société, toute l'activité repose sur mes épaules, je travaille comme un âne et m'épuise à la tâche. Les comptes reviennent à l'équilibre, certes, mais nos remboursements dans le cadre du plan vont aller crescendo : ils font peser sur la jeune pousse que nous sommes une charge qui plombe notre avenir. En avril 2003, je n'en peux plus : je jette l'éponge sans pour autant m'enfuir. Nous nous séparons. Je garde mes parts, mais j'abandonne toute responsabilité dans l'entreprise. Je recrute mon successeur en prenant en charge la transition.

Pour Maxime, c'est un abandon. Il se retrouve seul dans la tourmente. Notre relation va se refroidir. Un an plus tard, ce sera la fin définitive de cette société. »

→

Commentaires

« J'ai des souvenirs formidables de cette association. La rencontre avec Max figure parmi les choses les plus formidables qui me sont arrivées. Même si, à terme, le projet n'a pas eu le succès escompté – loin s'en faut – l'expérience a en effet été très enrichissante sur le plan humain. Quand on s'est séparés, on n'a pas eu véritablement de difficultés pratiques. On ne s'est pas engueulés. On avait, certes, un pacte d'associés, écrit à la demande des investisseurs, mais on ne l'a pas utilisé. Quand je lui ai annoncé mon départ, nos relations se sont un peu refroidies, mais cela n'a pas entamé notre amitié. Certes, il ne reste plus rien de cette magnifique entreprise commune... mais, il faut bien apprendre. Si c'était à refaire, avec le recul, je referais exactement la même chose.

Je suis persuadé que le principal facteur de réussite dans une association, c'est l'humain... du début à la fin. Certes, il faut être rigoureux dans le partage des tâches, savoir examiner les volontés de chacun mais, quand surviennent des difficultés, rien ne remplace la capacité des associés à se parler pour pouvoir les surmonter. À l'inverse, une association idéale sur le plan technique ne résistera pas à des conflits de personnes. Et personnellement, être super-efficace dans un truc désincarné, ça ne m'intéresse pas ! »

Sortir de la culpabilité

Quand la fin approche, l'émotion peut être extrêmement forte. C'est le moment où tout se mélange : vous pouvez être victime de coups tordus, vous aurez envie de vous justifier. Un conseil : gardez les battes de base-ball au vestiaire. Vous pouvez toujours vous en sortir en restant intègre. De plus, à ce moment-là, vous serez le moins bon avocat de votre cause. Votre première mission sera de regagner votre sérénité. Pour vous.

Dédramatisez la fin de l'*affectio societatis*

Donnez-vous le droit d'évoluer. Partir n'est pas trahir. S'associer, c'est parier que la relation à l'autre va vous faire grandir personnellement et professionnellement. Si l'envie de construire ensemble, l'*affectio societatis* (voir p. 36), n'est plus là, il est alors légitime de partir vers une nouvelle aventure.

> **« Mon Dieu, donne-moi le courage de changer les choses que je peux changer, la sérénité d'accepter celles que je ne peux pas changer, et la sagesse de distinguer entre les deux. »**
> **Prière de la Sérénité**

Focalisez-vous sur le projet. Gardez les questions entrepreneuriales au cœur des échanges. Cela vous évitera de rentrer dans les « je t'aime, moi non plus ».

Renouez le dialogue. Si vous n'échangez plus depuis longtemps avec un associé, c'est l'ultime occasion d'avoir un échange authentique. Sans sombrer dans le pathos, mettez sur la table ce que vous ressentez. « Je vois bien que vous souhaitez continuer l'association sans moi, et je comprends bien qu'effectivement il y a moins de synergie avec moi qu'entre vous. En même temps, je suis très déçu. Comment en est-on arrivés là ? »

Misez sur l'estime de soi de votre associé. Vous avez l'impression de vous faire arnaquer insidieusement ? Avant de rendre le conflit officiel, gardez à l'esprit que votre associé n'a certainement pas envie d'être le méchant de l'histoire. Prenez les devants, en lui offrant un départ sans casse qui va l'arranger, avec de bonnes conditions de sortie pour vous en échange. « Depuis que j'ai compris que tu voulais qu'on se sépare, je revois d'un œil différent les derniers changements statutaires. J'ai très peur de me faire arnaquer et, en même temps, je suis d'accord pour qu'on arrête là. Je voudrais juste que ça se passe dans de bonnes conditions. »

Rompez l'isolement. Les problématiques de dirigeants sont très similaires d'une entreprise à l'autre. De nombreux réseaux de dirigeants existent pour échanger et vous sortir de votre isolement. « Quand je me pose une question sur une étape précise de mon parcours d'entrepreneur, j'essaye de me faire conseiller par des personnes qui sont passées par là, et sont donc en avance d'une étape par rapport à moi », explique Julien, 33 ans.

Faites-vous accompagner. D'un côté, les phases de rupture d'association mettent en jeu des ressorts émotionnels extrêmement puissants, de l'autre, il vous faut rester serein face à vos associés. Pour réussir ce grand écart émotionnel, l'accompagnement dans ces phases difficiles par un psychothérapeute ou un coach spécialisé est loin d'être un luxe inutile : entendre vingt fois par jour votre histoire n'est pas du ressort de votre conjoint. Faites comme au travail, passez par un pro…

Coupez les liens pervers

**« Le pervers : C'est noir.
La victime : Mais non, voyons, regarde, c'est blanc !
Le pervers : Je te dis que c'est noir.
La victime : Arrête, écoute, tu es devant, tu es de mauvaise foi, tu vois bien que c'est blanc.
→**

Sans clause de sortie, pas de séparation possible. Cette impossibilité juridique de se séparer unilatéralement laisse la porte ouverte à des comportements dangereux : quand le lien juridique ne peut être coupé, certains associés en profitent pour se revaloriser en culpabilisant l'autre. Il est possible de détruire quelqu'un juste avec des mots, des regards, des sous-entendus : cela se nomme, pour M.-F. Hirigoyen*, la violence perverse ou le harcèlement moral. Petit guide de survie pour préserver votre intégrité morale.

* *Le harcèlement moral : La violence perverse au quotidien*, de Marie-France Hirigoyen, aux éditions Pocket.

Qui est-il ? Le pervers narcissique a une haute image de lui-même. Il est souvent bien habillé, très à l'aise socialement, parlant bien. Mais il n'arrive pas à accepter la différence entre ce qu'il souhaiterait être et ce qu'il est réellement. Pour éviter la dépression à laquelle il devrait faire face s'il était confronté à lui-même, il projette sa propre culpabilité sur un autre.

Le pervers se met à crier : Qu'est-ce qui te prend ? Pourquoi tu te comportes comme ça avec moi ? Tu veux me nuire, me ridiculiser ? Qu'est-ce que tu cherches, hein ? »
Catherine Duclaut, *Harcèlement moral : comment s'en affranchir... ou le Pervers narcissique démasqué*

Son mode opératoire ? « *Au démarrage, cela avait plutôt bien commencé*...* » mais une fois le lien scellé, il montre un tout autre visage. Désormais, il ne doit rien à personne et tout lui est dû. S'il n'a pas tout ce qu'il veut, cela fait de lui une victime, il lui faut donc un coupable. Une fois trouvé, il ne le lâchera plus : le pervers narcissique ne sera jamais à l'initiative de la rupture de la relation, car ce lien lui permet d'éviter de se retrouver seul face à lui-même.

Ses armes ?

- Il vous culpabilise, encore et toujours...
- Il ne tient pas compte de vos besoins, tout lui est dû.
- Il accapare votre énergie. C'est votre vitalité qu'il jalouse et veut détruire.
- Pour lui, la vérité n'existe pas : il construit un discours où le réel peut être totalement absent. Ce genre de personnage déteste être confronté à la justice.
- Il relativise ses propres comportements et vous met dans le même sac : « Chacun ses torts. »
- Il vous donne des injonctions paradoxales : « L'argent ne m'intéresse pas. Tout ce que je veux, c'est la reconnaissance

* *Les Pervers narcissiques : Qui sont-ils, comment fonctionnent-ils, comment leur échapper ?*, de Jean-Charles Bouchoux, aux éditions Eyrolles.

de mon travail. » Pourtant, l'objet de son appel, c'est bien d'obtenir plus d'argent.
- Il n'hésitera pas une seconde à aller voir votre entourage pour vous décrédibiliser. Vous? Vous êtes encore sous le coup de la stupeur...

Qui sont ses victimes? Ce sont des personnes gentilles et loyales, pleines de vitalité. Autant de qualités qui seront des faiblesses face à ce type de manipulateur : la vitalité attire le pervers narcissique, la gentillesse piège la victime et la loyauté l'enferme dans la relation.

« Quelle est ta part de responsabilité? Il faut aussi que tu comprennes ce qui, chez toi, t'a mis dans cette situation, si tu ne veux pas que ça recommence », vous disent vos proches? Stop à la psychologie de comptoir : d'une part, le psychiatre Boris Cyrulnik nous rappelle que : « Le jour où les discours culturels s'appliqueront à ne plus considérer les victimes comme des complices de l'agresseur ou des proies du destin, le sentiment d'avoir été meurtri se fera plus léger*. » D'autre part, la réponse est aussi donnée par Marie-France Hirigoyen : les victimes, quand elles réussissent à s'échapper, ne retombent jamais dans ces scénarios. Au contraire, elles développent une sensibilité naturelle qui leur permet de détecter et d'éviter ce type d'individus.

Comment réagir?
- **Sortez de la stupeur et recentrez-vous :** lui, c'est lui. Vous, c'est vous. Vous n'êtes responsable que de vos actes. Le reste lui appartient.
- **Mettez beaucoup d'intermédiaires entre vous deux.** Vous vous préserverez : médiateurs, experts indépendants... autant de témoins qui l'empêcheront à l'avenir de nier la réalité.
- **Coupez le lien au maximum.** Attention néanmoins en coupant les liens : plus vous installez une barrière formelle entre lui et

* In *Les Vilains Petits Canards*, de Boris Cyrulnik, aux éditions Odile Jacob.

vous, plus le pervers narcissique ira loin pour rétablir l'ascendant. L'avantage pour vous ? Là où, auparavant, c'était « pas vu, pas pris », il sera probablement démasqué plus facilement, ses abus allant crescendo.

- **Échangez sur du factuel (e-mails, réunions…).** Optez pour un très grand formalisme pour figer les choses par écrit. Soyez toujours, avec lui, sur des éléments concrets.
- **Ne vous justifiez pas.** Ce faisant, vous entreriez dans son jeu… Tout lui est dû. Il n'a pas tout, c'est donc une victime, le reste n'a aucune importance. Vous ne pourrez pas le sortir de ce raisonnement.
- **Ne vous sentez pas coupable.** Un pervers narcissique ne parle jamais que de lui. « Avec mon associé, les assemblées générales se résument à une litanie de reproches où il se pose en victime et m'accuse de ses propres comportements », témoigne Vincent, 35 ans.
- **N'utilisez pas ses méthodes.** Au moindre faux pas de votre part, il jubilera : vous êtes coupable, ça y est, il avait raison.
- **Offrez des solutions concrètes et formelles de sortie.** Il fera mine de s'y intéresser puis déclinera. Quel que soit le montant, il lui faudra plus. En fait, se retrouver seul avec sa culpabilité n'est pas supportable pour lui.
- **Pourquoi faire une offre, alors ?** Parce que le pervers, c'est celui qui veut maintenir de force le lien. Jamais une séparation ne se fait à l'initiative du pervers. Du coup, faire une offre, c'est rappeler qui est qui.
- **Minoritaire ? Fuyez !** Sinon le cancer vous guette.
- **Majoritaire ? Relativisez !** Vous n'êtes pas marié avec lui et, si vous êtes encore dans l'entreprise à ce stade, c'est que vous avez le pouvoir et que vous gagnez de l'argent.

Évidemment, ces cas extrêmes peuvent inquiéter ceux qui désirent se lancer en association. Le sujet est important à traiter, car il touche d'expérience un associé sur dix. Mais si vous démarrez, ajoutez simplement une clause de sortie en cas de désaccord mutuel. Ainsi, vous serez sûr de limiter les risques de désagréments au minimum.

Il l'a fait

Pouvoir stopper une relation qui devient malsaine ? C'est heureusement ce qu'a fait Rémi, associé avec Arthur pendant un an de façon informelle.

Type de société	Association d'indépendants (sans cadre juridique)
Secteur d'activité	Journalisme audiovisuel
Nombre d'associés	2, à 50/50
Pacte d'associés	Non

« À 21 ans, je rencontre Arthur lors d'un stage dans une boîte de production audiovisuelle. On devient amis. Je suis alors étudiant en école de commerce, je me cherche professionnellement : on discute beaucoup, c'est la première fois que j'envisage de devenir journaliste reporter d'images. Arthur est à l'origine de ma vocation.

En 2009, il m'appelle et me propose de nous associer. Son idée est la suivante : on crée un pseudo commun, et on se lance ensemble dans le documentaire grand format. On ne tourne plus rien chacun de notre côté, on fait tout ensemble, en duo. Tout ce que je veux faire, je lui en parle, et réciproquement. Je dis oui. On ne crée pas de structure juridique, c'est plutôt une association de deux indépendants. On décide de tout partager, contrats et salaires, à 50/50.

À l'époque, cette organisation ne me dérange pas. La raison est, également, psychologique : c'est la première fois que je fais ce métier, je n'ai pas d'expérience. Arthur, en revanche, est très talentueux. Il est très fort sur le plan structurel, il a une vraie vision de l'image et de la scénarisation, il est excellent en interviews... À cette période, j'ai peu confiance en moi, tandis que lui a une assurance impressionnante, qui frise parfois l'arrogance... Il sait décider, trancher. Du coup, je me repose, le plus souvent, sur sa capacité décisionnaire. Sa culture générale est également impressionnante : il a vu 1 000 documentaires, il est capable de sortir

→

d'une salle de projection et de dire : "Tel passage est un peu mou, en le mettant là, ça aurait redynamisé l'ensemble."
Son autre atout, c'est son père : il est rédacteur en chef dans un magazine régional, et connaît beaucoup de monde dans le métier. De ce fait, c'est Arthur qui a les contacts, pas moi. Tout cela lui donne une sorte d'ascendant sur moi. J'ai l'impression que, sans lui, je n'y arriverais pas. Il représente aussi beaucoup de choses que je ne suis pas, à l'époque, et que j'ai envie d'être. Bref, je suis assez admiratif et sous influence.
Progressivement, je réalise que je n'y trouve pas mon compte. À chaque fois que je propose un sujet, ça ne l'intéresse pas, il trouve ça trop flou. Mes propositions sont systématiquement mises de côté, et les siennes, plus carrées, apparaissent sur le planning. Au bout d'un certain temps, il n'y a plus aucun projet de mon initiative. Je sens monter en moi, doucement, une sorte de rébellion. J'ai envie de faire les projets qui me tiennent à cœur, j'essaye de lui en parler… mais il est très persuasif à l'oral et parvient toujours à retourner la discussion à son avantage.
Le vrai déclencheur est finalement une histoire de cœur. Je rencontre une fille, je décide d'habiter avec elle. Jusqu'ici, mon appartement était consacré à 50 % à notre atelier commun. Lorsque j'explique à Arthur que je vais récupérer mon logement pour vivre avec ma copine, qu'il faut qu'on trouve une autre organisation, il se braque : "Elle a tout manigancé pour que tu me pousses dehors", me dit-il. Il la supprime de ses amis Facebook. Ça jette un froid.
À partir de ce moment-là, on commence à aller bosser dans des cafés, on se voit moins, la collaboration se détériore. Je commence à vouloir faire des reportages de mon côté, à remettre en question la règle du "tout en commun". C'est le début de la fin. On se sépare peu après… il vit mon départ comme une trahison. »

Commentaires

« Je suis content que ce soit terminé, car j'avais sans arrêt l'impression de devoir lui rendre des comptes. Il fallait que je l'informe de tout ce que je faisais, des personnes que je voyais. Il contrôlait beaucoup les choses,

→

il avait un côté assez paranoïaque. Même en soirée, il trouvait que je parlais trop des sujets, il me disait : "T'aurais pas dû dire ça, on va nous piquer l'idée."
Arthur avait aussi extrêmement peur que je lui échappe, que quelqu'un nous sépare. Il m'avait dit plusieurs fois : "Un jour, tu vas trouver une fille, elle trouvera que tu as du talent et elle te dira de travailler tout seul." De son côté, il y avait presque une dimension de couple que je trouvais bizarre.
La fin de notre collaboration commune a été hyper-bénéfique : ça m'a permis de prendre confiance en mon talent. Je tourne désormais tout seul, je vois que je suis capable d'y arriver, que les gens trouvent ça bien… Ça m'a énormément apporté de travailler seul, beaucoup d'horizons se sont ouverts à partir de ce moment-là. Je ne pourrais pas me réassocier dans des conditions similaires aujourd'hui : je me sentirais asphyxié. »

Continuez à donner votre confiance

« L'expérience prouve que celui qui n'a confiance en personne ne sera jamais déçu. »
Léonard de Vinci

Léonard de Vinci nous invite, non pas à nous défier de tous, mais simplement à accepter la déception comme partie intégrante de la confiance donnée.

Trop d'associés, suite à une rupture, sont en proie à un sentiment de culpabilité alors qu'ils ont honnêtement fait de leur mieux. « J'aurais dû être plus vigilant sur les comptes », « À ce moment-là, j'ai mal négocié ». Vous pouvez mettre des barrières juridiques, être vigilant sur les comptes, mais si vous voulez avancer, à un moment ou à un autre, vous devez faire confiance.

Acceptez simplement la déception après un échec. Donnez-lui toute sa place pour comprendre ce qui vous a manqué. C'est alors que vous serez de nouveau prêt, sous une forme ou sous une autre, à libérer de nouveau votre énergie entrepreneuriale.

Valoriser les parts

La valeur de l'entreprise via le bénéfice

La difficulté à valoriser une entreprise, et les croyances des uns et des autres en la matière, constituent une des difficultés importantes au moment de la sortie. Si les formules sont nombreuses et parfois complexes, les formateurs de l'association des Cédants et Repreneurs d'Activités en proposent une permettant d'avoir très vite un ordre de grandeur pertinent :

Valeur comptable = Trésorerie nette disponible + Bénéfice après IS (moyenne sur 3 ans) × Multiple de valorisation compris en 5 et 7.

Trésorerie nette disponible : c'est la trésorerie qui pourrait être distribuée sous forme de dividendes sans que cela ait d'impact sur l'activité :

- Il y a 50 000 € sur le compte dont vous aurez besoin le mois prochain ? Ce n'est pas de la trésorerie nette disponible.
- Il y a 50 000 € depuis 1 an sur des Sicav grâce aux bénéfices cumulés ? C'en est.

Bénéfice après IS : des retraitements peuvent être nécessaires pour obtenir le bénéfice réel de l'activité. Ces Porsche sur le parking sont-elles vraiment indispensables au bon fonctionnement de la société ? À l'inverse, si l'entreprise fait 100 000 € de bénéfices, mais qu'aucun des deux associés ne s'est payé pendant un an, le bénéfice réel après ajustement est nul…

Moyenne sur trois ans : prenez les trois dernières années pour les entreprises établies. Pour les entreprises en croissance, essayez de vous faire une idée du bénéfice des trois prochaines années.

Multiple de valorisation. Suivez votre instinct : dans quelle mesure cette entreprise sera facile à revendre ? L'idée est de prendre 5 pour une entreprise dans la Creuse et 7 si elle est sur les Champs-Élysées. La clientèle est-elle stable ? La réussite repose-t-elle exclusivement sur le dirigeant ? Etc. Vous voulez un multiple plus élevé ? Vous commencez à sortir du marché des repreneurs personnes physiques. Si votre entreprise est prometteuse et suffisamment structurée, vous pouvez intéresser les fonds d'investissements, qui seront prêts à mettre plus. Mettez-les en concurrence...

Cette formule vous donne ainsi, en 5 minutes, un ordre de grandeur pour commencer la discussion. Si vous avez des multiples plus précis sur votre secteur d'activité, c'est encore mieux. Reste que la valeur comptable n'est pas le prix... Le prix, c'est la rencontre d'un acheteur et d'un vendeur qui sont d'accord.

La valeur de l'entreprise via le chiffre d'affaires

La limite de la méthode précédente ? Les bénéfices d'une entreprise peuvent être pilotés artificiellement pendant deux ou trois ans : si le gérant comprime les dépenses ou les investissements, le bénéfice gonfle de 10000 € ou 20000 €... et voilà 50000 € à 140000 € de valorisation supplémentaire plus ou moins factices. L'impact est vite important.

Dans certaines activités, on préfère s'appuyer sur les ratios de chiffre d'affaires en vigueur dans le secteur. « Je n'y connais rien en comptabilité, mais je sais que dans mon métier, les RH, on rachète une entreprise au prix d'une année de chiffre d'affaires.

Du coup, dans les négociations, je me sers de ce chiffre et tout le monde est d'accord », témoigne Timothée, 40 ans.

Valeurs des parts et abattements

Abattement pour absence de liquidité

Si vous inscrivez, dans votre pacte d'associés, une formule de calcul pour valoriser l'entreprise et les parts de chaque associé, vous pouvez mettre un abattement pour absence de liquidité. En effet, que valent vos parts en l'absence d'acheteur réel ?

- Vos associés n'ont peut-être pas envie d'être sommés de racheter vos parts quand bon vous semble : votre timing ne sera pas forcément le leur.
- L'abattement peut représenter entre 20 % et 33 % de la valeur précédemment calculée.

Abattement pour minorité

84 % des PME ne versent pas de dividendes. Que valent des parts de minoritaire dans une SARL qui ne verse pas ou peu de dividendes ?

Selon un sondage PricewaterhouseCoopers auprès d'évaluateurs, quand la décote de minorité s'applique, elle varie de 10 à 30 % de décote avec une moyenne observée de 20 % (*Valuation Methodology Survey 2007/2008*).

L'accumulation des abattements générant un fort impact sur le prix, la situation devient complexe si les associés n'ont pas spécifié de méthode de valorisation dans leur pacte d'associés.

Pour aider les associés à avoir quelques repères neutres, on soulignera le très bon document de la Direction générale des impôts : *L'Évaluation des entreprises*, accessible en PDF, et qui donne de nombreuses pistes.

Développez votre meilleure solution de rechange

En situation de conflit avec vos associés? Si vous êtes acculé, vous n'obtiendrez rien. Pour bien négocier, il faut vous donner le choix : quel est votre plan B si vos associés ne vont pas dans le sens que vous souhaitez? Comme le rappellent Fisher et Ury dans *Comment réussir une négociation*, plus votre MEilleure SOlution de REchange (MESORE) sera forte, plus vous pourrez aborder la négociation avec vos associés de manière apaisée.

Vous êtes minoritaire

MESORE 1 : Attendez au chaud

Première possibilité, vous restez dans l'entreprise : vous continuez à toucher votre salaire, et vous préparez doucement la suite en restant dans la société.

- Si votre associé majoritaire vous licencie, vous toucherez des indemnités de départ et bénéficierez de l'assurance chômage (sauf si vous êtes mandataire social).
- Pour ce qui est de la négociation de vos parts, vous êtes toujours à l'intérieur de l'entreprise et gardez un bon niveau d'information.

Cette solution sera néanmoins difficile à vivre au quotidien si la relation avec vos associés s'est détériorée. Difficile aussi de se projeter dans l'avenir avec un travail à effectuer au quotidien.

MESORE 2 : Partez et négociez après

C'est décidé, vous partez.

- Si vous êtes dans une association de clientèle, se pose la question de savoir si vous récupérez votre clientèle et, sinon, comment vous allez développer la nouvelle.

- Si vous êtes dans une association de projet, la question est de savoir en fonction de vos compétences, quel va être votre nouveau projet.

MESORE 3 : Redevenez salarié

Souvent, après s'être mis à son compte, redevenir salarié est perçu comme une rétrogradation sociale. C'est, il me semble, une erreur : certes, vos copains sont désormais pour une bonne part des chefs d'entreprise, mais nous avons vu dans la première partie qu'entreprendre, c'est une dynamique, pas un statut social. De nombreuses entreprises de taille intermédiaire (ETI) sont à la recherche de profils percutants, autonomes et capables de prendre des initiatives. Vous avez appris énormément en vous lançant à votre compte, à résoudre tous les matins des problèmes avec trois bouts de ficelle. Vous pourrez aussi apprendre énormément en rejoignant ces ETI, qui sont confrontées exactement aux mêmes problèmes, une taille au-dessus et avec plus de moyens financiers.

Points à aborder dans la négociation :

- Votre autonomie : devrez-vous avoir l'accord du siège pour acheter un crayon à papier? Pour recruter?
- Un statut de cadre dirigeant : c'est l'assurance juridique d'avoir un poste à haut potentiel.

Vous êtes majoritaire

Le minoritaire s'en va, mais vous n'êtes pas d'accord sur le prix des parts? Il va falloir trouver des alternatives de votre côté.

MESORE 1 : Fermez l'entreprise

L'entreprise n'a pas encore de valeur en propre? Vous pouvez repartir de zéro? N'hésitez pas à dissoudre l'entreprise sans tarder plutôt que de garder un associé en parasite. Certes, juridiquement et administrativement, ce sera complexe, notamment si vous avez des salariés. Mais, si votre associé a un montant de parts significatif, le jeu en vaut la chandelle.

Amaury, 49 ans, témoigne : « En 2001, je crée ma société de services informatiques. Nous sommes trois. Nous n'avons pas d'expérience, nous nous lançons sans nous poser de questions. Chacun a 33 % et nous ne faisons pas de pacte d'associés. Au bout de deux ans, l'un de nous trois décide de quitter l'aventure, sans pour autant accepter de nous revendre ses parts. Premier clash, premier gros problème : nous n'avons aucun moyen de le forcer à vendre. Je finis par la jouer au chantage : "Je ne viens plus travailler à partir de lundi. La boîte ne vaut quelque chose que par la valeur que chacun apporte. Si personne ne bosse, elle ne vaut rien." Il cède. »

MESORE 2 : Faites une augmentation de capital

5 000 € de capital social et votre associé est en dessous de la minorité de blocage avec 20 % des parts ? Refusez de travailler gratuitement et faites une augmentation de capital de 45 000 € pour vous payer. De 20 % ses parts passent à 2 %, et vos efforts ne tombent pas dans son escarcelle.

MESORE 3 : Vendez

Plus le goût ni l'envie ? Vous pouvez étudier les pistes de revente et quitter l'entreprise.

MESORE 4 : Augmentez-vous

En tant que majoritaire, vous pouvez avoir envie de continuer à développer votre entreprise et bénéficier en priorité de vos efforts. S'augmenter peut être une bonne réponse pour retrouver un équilibre juste. Votre associé bénéficiera, quant à lui, des dividendes distribués et de la valorisation de l'entreprise.

MESORE 5 : Mettez un gérant

Votre société a des résultats conséquents ? Au lieu de porter l'entreprise à bout de bras, vous pouvez passer du statut d'homme-orchestre à une logique de délégation. Vous pouvez ainsi laisser l'entreprise tourner avec un moindre rôle… et commencer à aller préparer votre avenir ailleurs, en toute liberté.

Dans tous les cas

Étudiez la MESORE de vos associés. Réfléchissez à la meilleure solution de rechange de vos associés : vous éviterez de leur faire des propositions en dessous de celles qu'ils ont par ailleurs. Vous gagnez ainsi du temps, crédibilisez votre démarche et épargnez la relation.

Une MESORE, ça se travaille! Quelle que soit votre situation, majoritaire, minoritaire, en conflit, en désaccord ou en pleine fusion, se donner une alternative est une soupape psychologique.

Plus le désaccord est marqué, plus votre MESORE devra être concrète. Si elle se limite à « Au pire, je vais faire une reprise d'entreprise avec mon cousin Paul avec qui j'ai déjeuné le mois dernier », vous ne faites que vous leurrer vous-même… et serez démuni quand vous aborderez la négociation avec vos associés.

Construisez une véritable alternative, et la négociation avec vos associés sera forcément positive : si ça ne marche pas, ce n'est pas grave, vous avez déjà une solution qui vous convient. Et si ça marche, ça ne sera que du bonus!

CONCLUSION

Nous voici arrivés au terme de ce livre. Nous avons vu comment prendre un bon départ en cherchant un associé animé d'un vrai désir d'entreprendre. Dans les méandres du droit, nous avons détaillé les pièges les plus fréquents, notamment la difficile prise en compte de l'apport en travail. Une fois votre entreprise lancée, nous avons vu les leviers de pouvoir entre associés. Nous avons cherché sur le fond comme sur la forme comment maintenir la relation vivante. Et, quand les chemins de vie divergent, ce qui arrive, nous avons regardé les pistes pour parvenir à une séparation apaisée malgré le fort enjeu émotionnel.

« La difficulté attire l'homme de caractère, car c'est en l'étreignant qu'il se réalise lui-même. »
Charles de Gaulle

Sur toutes les problématiques parcourues, il n'y a rien qu'un dialogue authentique et sincère ne puisse résoudre. Mais il est nécessaire de l'instaurer et de pratiquer régulièrement. C'est une gymnastique. Attention à toute pratique purement formelle : les éléments qui vous ont été présentés ici ne sont pas des vérités que vous pourrez imposer à vos associés. Ce sont simplement des points de départ pour amorcer votre propre discussion et créer une relation vivante.

J'espère que la lecture de ce livre vous aura permis, si vous vous lancez, de poser des bases plus solides. Si vous êtes déjà en activité, d'alimenter ou de rouvrir le dialogue avec votre associé. Et, si vous êtes en phase de séparation, de trouver une voie de sortie juste et apaisée.

« Écrire le livre que nous aurions souhaité lire avant de démarrer » était l'objectif du groupe de réflexion dont ce travail est issu. La version actuelle que vous tenez entre vos mains est une première démarche dans ce sens. À vous désormais de continuer à la faire vivre et progresser. Envoyez-nous vos témoignages et commentaires par mail à biensassocier@gmail.com. Nous publierons les textes les plus intéressants sur www.zenbusiness.fr. D'ici là, je vous souhaite une route pleine de défis.

BENOÎT GALY

REMERCIEMENTS

Je tiens en premier lieu à remercier tous les dirigeants d'entreprises qui ont bien voulu nous confier leur histoire. En espérant avoir respecté leur parcours.

Je voudrais ensuite remercier tous les membres CJD La Défense pour leur contribution, et plus particulièrement le groupe de travail qui a réuni les témoignages servant de fondation à l'écriture de ce livre : Alain Pascail, Christine Lesoil, Laurent Quivogne, Moez Fendri, Sandrine Mouchez, et Thierry Rudowski. Merci aussi à Keyvan Nilforoushan du CJD Paris pour sa relecture affûtée de capital-risqueur.

Spécial *thanks* à Alain Pascail, qui a mobilisé tous ses talents de coach de dirigeants pour animer les réunions bouillonnantes du groupe que nous formions, et avec qui j'ai le plaisir de coanimer un module de formation sur les relations entre associés.

Je voudrais aussi remercier tout particulièrement mon copain Laurent Quivogne. Par ce livre, j'ai voulu redonner aux autres un peu de tout ce que tu m'avais apporté.

Ce livre doit enfin énormément à la plume, au talent et à l'énergie de Sophie Baqué.

Pour conclure, je voudrais remercier ma femme, pour son soutien et tout simplement, sa présence.

ANNEXE

Exemples de clauses de sortie

Vous trouverez ci-dessous différents exemples de clauses de sortie, pour amorcer la discussion avec votre associé et votre avocat-conseil en droit des affaires. Attention, ces éléments sont tirés d'exemples réels de statuts, et correspondent à des choix et à des arbitrages complexité juridique/niveau de protection faits pour répondre à des problématiques particulières.

Clause de désaccord manifeste dite « *shotgun* »

La clause ci-dessous fixe en 1) et 2) les modalités pour trouver un accord entre associés. La partie 3) autorise l'associé qui a pris l'initiative à faire une offre. L'autre associé a alors le choix entre vendre ses parts ou racheter au prix fixé. Qui dégainera le premier ?

Cette clause est souvent imposée par des banquiers dans des sociétés avec deux associés à 50-50 qui ne veulent pas basculer à 49-51. Pour le banquier qui prête de l'argent, peu importe si c'est Pierre ou Paul qui prend le dessus en cas de désaccord, tant que l'entreprise finit par avoir un patron.

Clause de sortie en cas de désaccord grave entre associés
1) Les parties aux présentes conviennent qu'au cas où un désaccord persistant et sérieux surviendrait entre elles en raison de la société et/ou de ses filiales directes ou indirectes, si l'une des

parties souhaite céder sa participation en capital dans la société (ou l'ensemble des titres qu'elle détient dans la société) à l'autre, ou acquérir la participation en capital de l'autre partie dans la société (ou : l'ensemble des titres que l'autre partie détient dans la société), elle notifiera son intention à l'autre, par lettre recommandée avec AR ou tout procédé équivalent, en indiquant ses motifs.

À la suite de cette notification, les parties s'efforceront de parvenir à un accord et, à défaut, négocieront en vue de convenir des conditions de cession.

Faute d'accord dans les 45 jours de la notification, la partie qui en a pris l'initiative peut, par une nouvelle notification par lettre recommandée avec AR ou tout procédé équivalent, dans un délai de 15 jours à l'expiration du délai de 45 jours ci-dessus, demander à l'autre partie de choisir entre :

- *L'achat par elle, ou par toute personne qu'elle se substituerait, de la participation (ou : l'ensemble des titres) détenue à ce moment-là par l'auteur de la notification,*

Ou

- *La vente à l'auteur de la notification ou à toute personne qu'il se substituerait de sa participation dans la société (ou : de l'ensemble des titres de la société qu'elle détient).*

Cette notification indiquera les motifs provoquant cette offre, ainsi que le prix proposé, ce prix devant être le même par titre concerné.

Le destinataire devra faire connaître son choix pour l'une ou l'autre solution dans un délai de 30 jours à compter de la notification.

Si le destinataire n'effectue pas son choix dans le délai imparti, l'auteur de la notification opérera le choix dans les 7 jours suivant l'expiration du délai de 30 jours.

L'une et l'autre partie devront réaliser l'opération de cession dans les trois mois à compter de la notification du choix, le paiement du prix devant intervenir immédiatement.

En outre, l'acquéreur devra, s'il y a lieu :

- *Racheter à la valeur déterminée par un expert, désigné selon les modalités prévues par l'article 1843-4 du Code civil, l'ensemble des titres détenus par le cédant dans la société et dans les sociétés du groupement dans lesquels la société détient directement ou indirectement une participation en capital ;*
- *Racheter à la valeur nominale l'ensemble des comptes courants du cédant dans la société et ses filiales directes ou indirectes ;*
- *Et se substituer aux garanties accordées par le cédant à des tiers au bénéfice de la société et ses filiales directes ou indirectes.*

Dans l'hypothèse où, suite à une consultation des associés par assemblée ou par correspondance, le président ou le directeur général de la société constatait qu'aucune décision n'a pu être prise compte tenu de l'impossibilité d'obtenir une majorité, le président et/ou le directeur général s'engagent à convoquer une assemblée ayant le même ordre du jour ; cette convocation doit être faite dès constatation de cette absence de majorité, cette constatation étant établi par le procès-verbal de ladite décision, afin que cette seconde assemblée soit réunie au plus tard 20 jours après la date de la précédente assemblée en consultation.

Cette convocation devra comprendre le texte du présent article et rappeler l'impossibilité constatée de prendre une décision.

2) Les parties conviennent qu'au cas où le blocage de la vie sociétaire persistait à l'issue de cette assemblée, ou si cette seconde consultation ne se faisait pas dans les délais ci-dessus (non-convocation, notamment) ou bien encore au cas où un désaccord persistant et sérieux survenait entre les parties concernant le fonctionnement de la société, sa gestion, son développement et, de façon plus générale, sa vie, si une partie souhaite faire cesser cette situation en cédant l'intégralité des droits sociaux qu'elle détient dans la société à l'autre partie ou, au contraire, acquérir l'ensemble des droits sociaux que l'autre partie détient dans la société, elle notifiera son intention à l'autre partie, par lettre recommandée avec AR, ou tout procédé équivalent ; cette notification devra indiquer les motifs et l'intégralité des conditions de l'opération projetée.

À la suite de cette notification, les parties s'efforceront de parvenir à un accord et, à défaut, négocieront en vue de convenir des conditions de cession.

3) Faute d'accord dans les 45 jours de la notification visée au 2 ci-dessus, la partie qui en a pris l'initiative peut, par une nouvelle notification par lettre recommandée avec AR ou tout procédé équivalent, demander à l'autre partie de choisir entre :

L'achat par elle, ou par tout personne qu'elle se substituerait, de l'ensemble des titres détenus à ce moment-là par l'auteur de la notification ; la vente à l'auteur de la notification ou à toute personne qu'il se substituerait de l'ensemble des titres de la société qu'elle détient.

Cet achat ou cette vente devra être proposé et réalisé dans les mêmes conditions.

Cette notification indiquera les motifs provoquant cette offre, ainsi que le prix proposé et l'ensemble des conditions et modalités de ladite opération, ce prix devant être le même par titre concerné.

Le destinataire de la notification devra faire connaître son choix pour l'une ou l'autre des solutions dans un délai de 30 jours à compter de la notification.

4) Si le destinataire n'effectue pas un choix dans ce délai de 30 jours, l'auteur de la notification pourra procéder ou faire procéder au rachat des titres de l'autre partie aux conditions de la notification de l'article 3 et devra notifier sa décision dans les 15 jours suivants l'expiration du délai de 30 jours dudit article.

Les parties devront réaliser l'opération de cession dans les trois mois à compter de la notification du choix effectué, le paiement du prix devant intervenir dans ce même délai, sauf accord différent des parties.

En outre, l'acquéreur devra, s'il y a lieu :
- *racheter à la valeur déterminée par un expert, désigné selon les modalités prévues par l'article 1843-4 du Code civil, l'ensemble des titres détenus par le cédant dans la société ;*
- *racheter à la valeur nominale l'ensemble des comptes courants du cédant dans la société ;*
- *se substituer aux garanties accordées par le cédant à des tiers au bénéfice de la société.*

Clause de sortie conjointe

Utile pour faciliter la revente. Votre acheteur voudra généralement racheter l'intégralité de l'entreprise. S'il faut qu'il négocie avec chacun alors qu'il y a un désaccord entre associés, cela risque d'être compliqué. La clause de sortie conjointe ci-dessous permet en partie 1) au majoritaire de vendre sans se soucier d'éventuels désaccords du minoritaire, et assure en partie 2) au minoritaire qu'il aura la possibilité de revendre ses parts dans les mêmes conditions que le majoritaire si celui-ci venait à céder la majorité.

Droit de sortie conjointe
1) En cas de cession au profit d'un tiers par les associés représentant la majorité des droits de vote attachés aux actions de la

société, les associés minoritaires s'engagent à céder la totalité de leurs actions audit tiers dès lors que ce dernier en fait la demande expresse aux mêmes conditions de prix et de garantie.

Le projet de cession devra être notifié par l'associé cédant aux autres associés par lettre recommandée avec AR, au plus tard 20 jours avant la date de réalisation prévue.

Ces derniers devront faire connaître leurs intentions, par lettre recommandée avec AR adressée au cessionnaire et à l'associé cédant dans un délai de 10 jours à compter de la réception de la lettre de notification. À défaut de réponse dans le délai imparti, ils seront réputés avoir accepté les conditions de l'offre de rachat de ses actions émise par le cessionnaire.

2) Dans l'hypothèse où l'un des associés envisagerait de céder tout ou partie de sa participation dans la société à un tiers, ayant pour effet de réduire sa participation à moins de 50 % du capital social et des droits de vote, et sous réserves des stipulations des présents statuts relatives aux droits de préemption des associés, l'associé cédant s'engage à permettre aux autres associés, si ces derniers le souhaitent, de céder également et aux mêmes conditions leur propre participation dans la société, ce dont l'associé cédant se portera solidairement garant.

À cet effet, tout projet de cession devra être notifié par l'associé cédant aux autres associés, par lettre recommandée avec AR, 30 jours au moins avant la réalisation de l'opération projetée, afin de leur permettre, le cas échéant, d'exercer la faculté de sortie conjointe qui lui est conférée aux termes du présent article.

Cette notification devra préciser la nature de l'opération projetée, le nombre de titres concernés, leur prix (ou leur valeur), les conditions de paiement, l'identité et les coordonnées du cessionnaire, ainsi que toute autre condition ou modalité importante de la transaction. (…)

Clause de rachat à date fixe

Vous pouvez prévoir des options d'achat/vente à date fixe, ou de manière périodique. Le majoritaire pourra racheter, le minoritaire vendre.

1) Engagement de rachat

De convention entre les Parties, Monsieur Y s'engage expressément à acheter les titres détenus par Monsieur Z si ce dernier le lui demande dans les délais et selon les conditions ci-après :

- *La demande d'achat doit être formée par Monsieur Z au cours de la quatrième année suivant l'immatriculation de la société au Registre du Commerce et des Sociétés et le chiffre d'affaires de la Société YZ au titre du dernier exercice approuvé à la date de la demande de rachat doit être supérieur à 150 000 € hors taxes ;*
- *À défaut d'exercice de cette faculté la quatrième année d'existence de la Société, Monsieur Z devra attendre la neuvième année suivant l'immatriculation de la société au Registre du Commerce et des Sociétés pour notifier son droit à la cession de ses titres auprès de Monsieur Y.*

En conséquence, Monsieur Z pourra notifier la quatrième année ou, à défaut, la neuvième année, à Monsieur Y, par lettre recommandée avec AR, son intention d'user de son droit à la cession de ses titres dès lors que les conditions susvisées sont réunies.

Cette demande de rachat ne pourra être exercée que pour la totalité des titres qu'il détient dans la société.

En cas de demande de rachat, Monsieur Y s'engage à acquérir ou à faire acquérir les titres détenus par Monsieur Z dans un délai maximum de 90 jours, à compter de la réception de la notification susvisée.

Le prix de rachat des parts sociales sera déterminé d'un commun accord ou à défaut à dire d'expert dans les conditions visées à l'article 3 ci-dessous. Il sera payable comptant au jour de la réalisation de la cession.

2) Engagement de cession

De convention entre les Parties, Monsieur Z s'engage à céder à Monsieur Y les titres qu'il détient au sein de la Société si ce dernier le lui demande dans les délais et selon les conditions ci-après :

- *La demande de rachat doit être formée par Monsieur Y dans la quatrième année suivant l'immatriculation de la société au Registre du Commerce et des Sociétés et le chiffre d'affaires de la Société YZ au titre du dernier exercice approuvé à la date de la demande de rachat doit être supérieur à 500 000 € hors taxes;*
- *À défaut d'exercice de cette faculté la quatrième année d'existence, Monsieur Y devra attendre la neuvième année suivant l'immatriculation de la société au Registre du Commerce et des Sociétés pour notifier son droit au rachat des titres de Monsieur Z auprès de ce dernier.*

En conséquence, Monsieur Y pourra notifier, soit la quatrième année, soit, à défaut, la neuvième année, par lettre recommandée avec AR, son intention d'user de son droit au rachat des titres de Monsieur Z dès lors que les conditions susvisées sont réunies.

Cette demande de rachat ne pourra être exercée que pour la totalité des titres que détient Monsieur Z dans la société.

En cas de demande de rachat, Monsieur Z s'engage à céder les titres qu'il détient dans la Société et Monsieur Y s'engage à acquérir ou à faire acquérir lesdits titres dans un délai maximum de 90 jours, à compter de la réception de la notification susvisée.

Le prix de rachat des parts sociales sera déterminé d'un commun accord ou à défaut à dire d'expert dans les conditions visées à l'article 3 ci-dessous.

Il sera payable comptant au jour de la réalisation de la cession.

À défaut d'exercice par l'un ou l'autre des Associés de sa faculté d'achat ou de cession telle que décrite aux paragraphes 2.1 et 2.2 ci-dessus, les Parties conviennent de se réunir la huitième année suivant l'immatriculation de la Société afin d'envisager des options de sortie qui soient adaptées à l'évolution de la Société et à leur situation personnelle. À défaut d'accord, l'un ou l'autre Associé pourra exercer, selon le cas, sa faculté de rachat ou de cession au cours de la neuvième année telle qu'elle est décrite aux paragraphes 2.1 et 2.2 ci-dessus.

Clause de détermination du prix

Vous pouvez déterminer une formule de calcul du prix ou prévoir le recours à un expert. Ceci évitera toute discussion à la sortie.

Expertise pour déterminer le prix des parts sociales
Dans tous les cas où le présent pacte prévoit une expertise pour déterminer le prix des parts de la Société dont la cession doit intervenir en application de celui-ci, ce prix sera fixé par un expert désigné conformément aux dispositions de l'article 1843-4 du Code civil.

L'associé ayant notifié qu'il entendait recourir à une expertise devra, dans les quinze (15) jours de cette notification, proposer un expert à l'autre Partie. Si, dans un délai de quinze (15) jours, l'expert proposé n'est pas agréé par l'autre Partie ou si, en cas de pluralité de demandeurs, un accord n'est pas obtenu sur le choix d'un expert unique, l'expert sera désigné par voie de justice à la requête de la Partie la plus diligente.

Du jour de sa nomination, l'expert disposera d'un délai de quarante-cinq (45) jours, sauf prorogation décidée d'un commun accord entre toutes les Parties concernées, pour exécuter sa mission et remettre son rapport simultanément à toutes les Parties. Ce rapport ne sera soumis à aucune condition de forme.

La décision de l'expert ne pourra faire l'objet d'aucun recours, sauf en cas d'erreur grossière.

En cas d'empêchement quelconque de l'expert, un nouvel expert sera désigné selon les modalités prévues au présent article.

Les frais d'expertise seront supportés par parts égales entre les parties concernées.

L'expert devra indiquer la valeur de la Société, et le prix des parts sociales sera égal à cette valeur divisée par le nombre de parts sociales composant le capital social à la date de la cession.

TABLE DES MATIÈRES

Découvrez aussi aux éditions Leduc.s

L'entreprise du bonheur

Tony Hsieh

Pour développer Zappos entreprise américaine de vente en ligne de chaussures devenue légendaire dans le monde entrepreneurial Tony Hsieh n'a pas misé sur les profits et les rendements. Il a mis au cœur de ses préoccupations le bonheur de ses employés et de ses clients. Cette culture d'entreprise passionnée et différente a fait de Zappos un modèle de succès : son chiffre d'affaires a atteint 1 milliard de dollars en moins de dix ans. Et en 2009, Zappos est entré dans le giron d'Amazon : une transaction de 1,2 milliard de dollars !

Dans ce livre passionnant, Tony Hsieh partage les leçons qu'il a apprises durant son parcours. À l'aide de **nombreuses anecdotes**, il montre que le bien-être des gens n'est pas qu'un objectif noble mais un formidable générateur de succès, et il donne une **foule de conseils pour appliquer sa formule gagnante** à n'importe quelle organisation : étonner le client par la qualité du service, être drôle et un peu insolite, créer une équipe constructive et animée par un esprit de famille, etc.

14,5 x 22,5 cm
256 pages
21 euros
ISBN : 978-2-84899-487-1

Switch, osez le changement

Chip Heath et Dan Heath

Au travail comme à la maison, quand on veut changer quelque chose (améliorer son chiffre d'affaires, se mettre au vélo, pousser son conjoint à arrêter de fumer…), une montagne d'obstacles surgit forcément : trop de contraintes, pas le courage, trop compliqué… **Malgré nos bonnes volontés, nous résistons au changement ! Pourtant, c'est facile d'y arriver !**

Au programme, dans ce livre :

- **Un concept simple pour expliquer les mécanismes du comportement :** imaginez que vos émotions (peur, instinct…) sont un éléphant et que votre raison est le conducteur perché sur le dos de l'animal. Il essaye tant bien que mal de faire avancer l'éléphant mais c'est impossible sans la bonne méthode !
- **Trois étapes efficaces pour arriver à changer.**
- **Avec de nombreux d'exemples et mises en situation :** nul besoin de héros ni de grands moyens, tout le monde peut changer ! Un petit pas après l'autre…

14,5 x 22,5 cm
320 pages
21 euros
ISBN : 978-2-84899-526-7

Vous voudriez recevoir notre catalogue par la Poste ? On vous l'enverra avec grand plaisir. Il vous suffit de photocopier, recopier ou découper ce formulaire et nous le retourner complété à :

Éditions Leduc.s, 17 rue du Regard, 75006 Paris

NOM : ....

PRÉNOM : ....

ADRESSE : ....

....

CODE POSTAL : ....

VILLE : .... PAYS : ....

Si vous souhaitez être tenu au courant de nos publications et de l'actualité de nos auteurs, et/ou recevoir notre catalogue au format PDF, complétez les champs ci-dessous :

E-MAIL : .... @ ....

Nous souhaiterions mieux vous connaître :

Quelle est votre ANNÉE DE NAISSANCE : ....

et votre PROFESSION : ....

Magasin dans lequel vous avez acheté *Bien s'associer pour mieux entreprendre* :

....

Nous sommes à votre écoute : faites-nous part de vos suggestions et de votre avis sur le livre que vous venez de lire :

....

....

....

....

....

....

....

....

À .... LE ....

MERCI ET À BIENTÔT !

Vous pouvez aussi prendre contact avec notre service client à **info@editionsleduc.com** et nous retrouver sur le site : **www.editionsleduc.com**.

Conformément à la loi Informatique et Libertés du 6 janvier 1978, vous disposez d'un droit d'accès et de rectification aux données personnelles vous concernant.

Dépôt légal : janvier 2013
Imprimé en Italie par Grafica Veneta S.p.A.